Hab-mich-lieb
Amigurumi Puppen
von Sayjai Thawornsupacharoen
Aus der Serie: Sayjai's Amigurumi Häkelanleitungen, Band 2

Grundanleitungen
Kopf	11
Körper	12
Fuß und Bein	13
Arm	14

Mädchen
Denise	15
Izzy	18
Amy	22

Tiere
Äffchen	28
Hase	31
Kätzchen	35
Bär	38
Biene	40

Halloween-Puppen
Teufel	44
Gelbe Hexe	50
Schwarze Hexe	53
Grüne Hexe	56

Weihnachten
Weihnachtsmann	63
Schneemann	66
Lebkuchenmann	69

Garn verbinden	72
Anleitung Erklärung	72
Garnstärken	73
Umrechnung der Häkelnadel - Größen	73

Erscheinungstermin: 14. August 2014
Editor: Robert Appelboom
Ins Deutsche übersetzt von Andrea Gaida
Ergänzende Übersetzungen von Chahrazaad Salim

Herausgeber: K and J Publishing
16 Whitegate Close
Swavesey, Cambridge, CB24 4TT
Vereinigtes Königreich

Amy
Seite 22

Denise
Seite 15

Izzy
Seite 18

Hase
Seite 31

Bär
Seite 38

Kätzchen
Seite 35

Äffchen
Seite 28

Biene
Seite 40

Hexen
Seite 48

Teufel
Seite 44

Weihnachten
Seite 60

Einleitung

Amigurumi ist japanisch und bedeutet "kleines ausgestopftes Tier". Amigurumi werden normalerweise aus Häkelwolle gearbeitet und haben einen übergroßen Kopf. Das japanische Wort "Ami" bedeutet gehäkelt und "nuigurumi" heißt "ausgestopfte Puppe".

Die Hab-mich-lieb-Puppen

sind liebenswert, kuschelig und einfach herzustellen. Sie werden in festen Maschen gearbeitet, lediglich der Affenschwanz und der Schwanz des Teufelchens werden in Stäbchen gefertigt. Der Bart des Weihnachtsmannes wird außerdem in Schlingenstichen gearbeitet.

Größe: Die Größe der Puppen beträgt zwischen **41 - 47,5 cm**. Die Größe der Puppen hängt von der Stärke der Häkelnadel und des Garnes ab und davon, wie Sie sie ausstopfen. Mit einer größeren Häkelnadel und dickerer Wolle bekommt man eine größere Puppe. Eine fest ausgestopfte Puppe ist größer als eine mit weniger Füllung.

- Für eine 41 cm große Puppe werden zwei Fäden leichtes Garn (DK) oder 2 Fäden Kammgarn und eine Häkelnadel der Stärke 5 verwendet.
- Für eine 47,5 cm große Puppe werden dickes Garn (Chunky/ Bulky) und eine Häkelnadel der Stärke 6 verwendet.

Die Hab-mich-lieb-Puppen werden kleiner, wenn nur ein Faden feines, leichtes Garn und eine Häkelnadel der Stärke 4 oder feineres Garn und eine entsprechende Nadel bei gleich bleibendem Muster verwendet werden.

Abkürzungen

LM = Luftmasche	Stb = Stäbchen
FM = feste Masche	R = Runde
M = Masche	zus = Zusammen
KM = Kettmasche	wdh = Wiederholen
hStb = Halbes Stäbchen	

Anmerkungen

- Alle Modelle werden in fortlaufenden Runden gearbeitet. Nicht verbinden oder wenden, es sei denn, es ist so angegeben. Erste Masche jeder Runde markieren.
- Die meisten Kuschelpuppen werden nach der gleichen Grundanleitung gearbeitet; Kopf, Körper, Arm, Fuß und Bein.
- In der ersten Runde können 6 feste Maschen in einen "magischen Ring" gearbeitet werden, statt zwei Luftmaschen anzuschlagen und dann 6 feste Maschen in die zweite LM von der Nadel aus zu arbeiten.
- Statt mit 2 Fäden mitteldickem Garn können Sie auch einfädig mit dickem Garn arbeiten.

Grundanleitung Kopf

R 1: 2 LM, 6 FM in die zweite LM von der Häkelnadel aus. (6)
R 2: 2 FM in jede M. (12)
R 3: (2 FM in die nächste M, FM in die nächste M) wdh. (18)
R 4: (FM in die nächsten 2 M, 2 FM in die nächste M) wdh. (24)
R 5: (FM in die nächsten 3 M, 2 FM in die nächste M) wdh. (30)
R 6: FM in die nächsten 2 M, 2 FM in die nächste M, (FM in die nächsten 4 M, 2 FM in die nächste M) 5 mal, FM in die nächsten 2 M. (36)
R 7: (FM in die nächsten 5 M, 2 FM in die nächste M) wdh. (42)
R 8: FM in die nächsten 3 M, 2 FM in die nächste M, (FM in die nächsten 6 M, 2 FM in die nächste M) 5 mal, FM in die nächsten 3 M. (48)
R 9: (FM in die nächsten 7 M, 2 FM in die nächste M) wdh. (54)
R 10: FM in die nächsten 4 M, 2 FM in die nächste M, (FM in die nächsten 8 M, 2 FM in die nächste M) 5 mal, FM in die nächsten 4 M. (60)
R 11-16: FM in jede M.
R 17: (mit FM die nächsten 2 M zus, FM in die nächsten 8 M) wdh. (54)
R 18: (FM in die nächsten 7 M, mit FM die nächsten 2 M zus) wdh. (48)
R 19: FM in die nächsten 3 M, mit FM die nächsten 2 M zus, (FM in die nächsten 6 M, mit FM die nächsten 2 M zus) 5 mal, FM in die nächsten 3 M. (42)
R 20: (FM in die nächsten 5 M, mit FM die nächsten 2 M zus) wdh. (36)
R 21: FM in die nächsten 2 M, mit FM die nächsten 2 M zus, (FM in die nächsten 4 M, mit FM die nächsten 2 M zus) 5 mal, FM in die nächsten 2 M. (30)
R 22: (FM in die nächsten 3 M, mit FM die nächsten 2 M zus) wdh. (24)
R 23: (FM in die nächsten 2 M, mit FM die nächsten 2 M zus) wdh, mit KM in die erste M verbinden, abketten. (18)

Sicherheits-Augen anbringen

Außer bei Affe, Katze, Bär und Lebkuchenmann.

Kopf ein wenig ausstopfen, Sicherheitsaugen mit 10 M Abstand bei R 13 - 14 anbringen,

dann den Kopf fester ausstopfen.

Grundanleitung Körper

R 1: 2 LM, 6 FM in die zweite LM von der Häkelnadel aus. (6)
R 2: 2 FM in jede M. (12)
R 3: (2 FM in die nächste M, FM in die nächste M) wdh. (18)
R 4: (FM in die nächsten 2 M, 2 FM in die nächste M) wdh. (24)
R 5: (FM in die nächsten 3 M, 2 FM in die nächste M) wdh. (30)
R 6: FM in die nächsten 2 M, 2 FM in die nächste M, (FM in die nächsten 4 M, 2 FM in die nächste M) 5 mal, FM in die nächsten 2 M. (36)
R 7-10: FM in jede M.
R 11: (mit FM die nächsten 2 M zus, FM in die nächsten 10 M) wdh. (33)
R 12: FM in jede M.
R 13: (mit FM die nächsten 2 M zus, FM in die nächsten 9 M) wdh. (30)
R 14: FM in jede M. (30)
R 15: FM in die nächsten 4 M, mit FM die nächsten 2 M zus, (FM in die nächsten 8 M, mit FM die nächsten 2 M zus) 2 mal, FM in die nächsten 4 M. (27)
R 16: FM in jede M.
R 17: (mit FM die nächsten 2 M zus, FM in die nächsten 7 M) wdh. (24)
R 18: FM in jede M.
R 19: FM in die nächsten 3 M, mit FM die nächsten 2 M zus, (FM in die nächsten 6 M, mit FM die nächsten 2 M zus) 2 mal, FM in die nächsten 3 M. (21)
R 20: FM in jede M.
R 21: (mit FM die nächsten 2 M zus, FM in die nächsten 5 M) wdh. (18)
R 22: FM in jede M, KM in die erste M, langen Faden zum Annähen lassen, abketten. Körper ausstopfen.

Kopf an den Körper nähen.

Grundanleitung Fuß und Bein

2 mal.
R 1: 2 LM, 6 FM in die zweite LM von der Häkelnadel aus. (6)
R 2: 2 FM in jede M. (12)
R 3: (FM in die nächste M, 2 FM in die nächste M) wdh. (18)
R 4: (2 FM in die nächste M, FM in die nächsten 2 M) wdh. (24)
R 5: FM in jede M. (24)
R 6: (FM in die nächsten 7 M, 2 FM in die nächste M) wdh. (27)
R 7: FM in die nächsten 4 M, 2 FM in die nächste M, (FM in die nächsten 8 M, 2 FM in die nächste M) 2 mal, FM in die nächsten 4 M. (30)
R 8: FM in die nächsten 17 M, mit FM die nächsten 2 M zus, (FM in die nächsten 2 M, mit FM die nächsten 2 M zus) 2 mal, FM in die nächsten 3 M. (27)
R 9: FM in jede M. (27)
R 10: FM in die nächsten 16 M, mit FM die nächsten 2 M zus, (FM in die nächste M, mit FM die nächsten 2 M zus) 2 mal, FM in die nächsten 3 M. (24)
R 11: FM in jede M. (24)
R 12: FM in die nächsten 15 M, (mit FM die nächsten 2 M zus) 3 mal, FM in die nächsten 3 M. (21)
R 13: FM in jede M. (21)

Reihen 14-19: In Reihen arbeiten.
Reihe 14: FM in die nächsten 15 M, wenden. (15)
Reihe 15: 1 LM, die ersten 2 M mit FM zus, FM in die nächsten 11 M, mit FM die nächsten 2 M zus, wenden. (13)
Reihe 16: 1 LM, die ersten 2 M mit FM zus, FM in die nächsten 9 M, mit FM die nächsten 2 M zus, wenden. (11)
Reihe 17: 1 LM, die ersten 2 M mit FM zus, FM in die nächsten 7 M, mit FM die nächsten 2 M zus, wenden. (9)
Reihe 18: 1 LM, die ersten 2 M mit FM zus, FM in die nächsten 5 M, mit FM die nächsten 2 M zus, wenden. (7)
Reihe 19: 1 LM, die ersten 2 M mit FM zus, FM in die nächsten 3 M, mit FM die nächsten 2 M zus, wenden. (5)

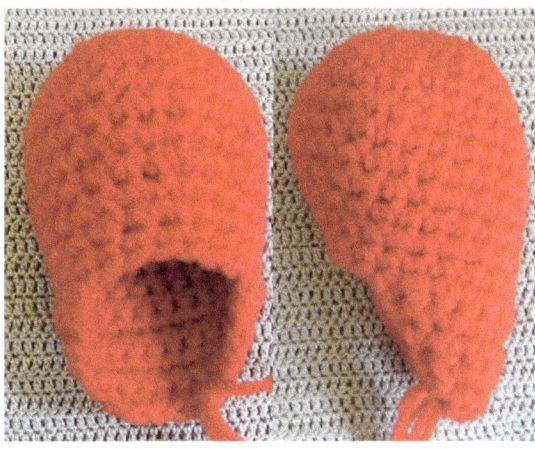

R 20: Rund um die Kante vom Fuß arbeiten. 1 LM, mit FM die nächsten 2 M zus, FM in die nächste M, mit FM die nächsten 2 M zus; in die Endmaschen der Reihen 14-19 arbeiten, (mit FM die nächsten 2 Reihen zus) 3 mal; in R 13 arbeiten, FM in die nächste M, (mit FM die nächsten 2 M zus) 2 mal, FM in die nächste M; in die Endmaschen der Reihen 15-19 arbeiten, FM in die nächste Reihe, (mit FM die nächsten 2 Reihen zus) 2 mal. (13)

Fertige R 20:

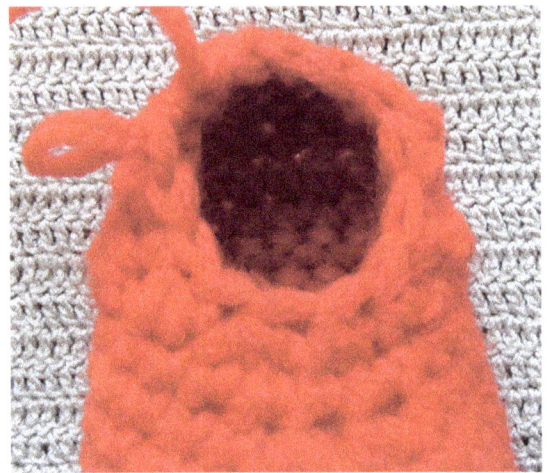

R 21: FM in die nächste M, mit FM die nächsten 2 M zus, FM in die nächsten 3 M, (mit FM die nächsten 2 M zus) 2 mal, FM in die nächsten 3 M. Ausstopfen. (10)
R 22-39: FM in jede M.
R 40: FM in jede M, KM in die erste M, langen Faden zum Annähen lassen, abketten. Beine ein wenig, aber nicht zu fest ausstopfen. Öffnung flach zunähen.

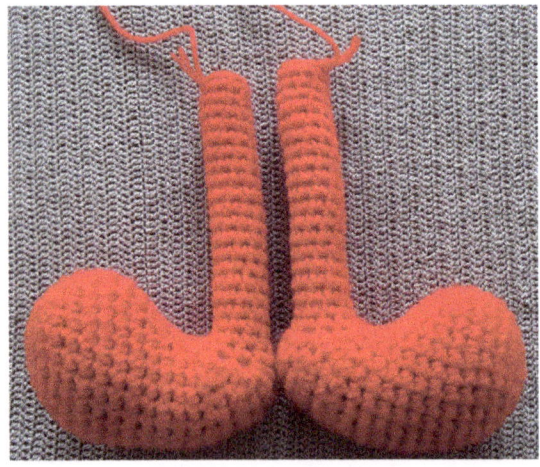

Beine bei R 1-4 an den Körper nähen.

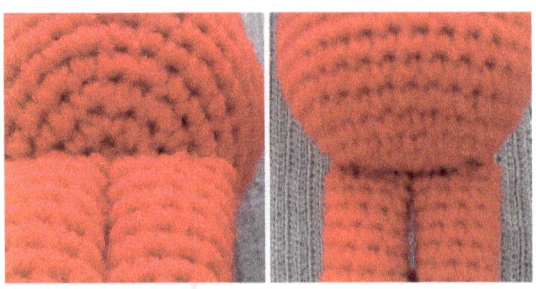

Grundanleitung Arm

2 mal. Nur die Hand ausstopfen.
R 1: 2 LM, 6 FM in die zweite LM von der Häkelnadel aus. (6)
R 2: 2 FM in jede M. (12)
R 3: (FM in die nächste M, 2 FM in die nächste M) wdh. (18)
R 4-6: FM in jede M.
R 7: (mit FM die nächsten 2 M zus, FM in die nächsten 4 M) wdh. (15)
R 8: (FM in die nächsten 3 M, mit FM die nächsten 2 M zus) wdh. (12)
R 9: (FM in die nächsten 2 M, mit FM die nächsten 2 M zus) wdh. Hand ausstopfen. (9)
R 10-26: FM in jede M. (9)
R 27: FM in jede M, mit KM in die erste M verbinden, langen Faden zum Annähen lassen, abketten. Arme bei R 21 an den Körper nähen.

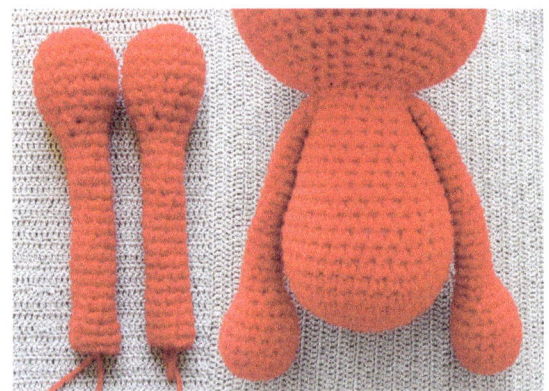

Denise

Material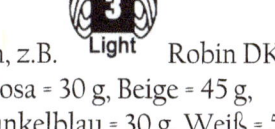

- Mitteldickes Garn, z.B. Robin DK = 300 m / 100 g, (Rosa = 30 g, Beige = 45 g, Hellblau = 15 g, Dunkelblau = 30 g, Weiß = 5 g und Dunkelbraun = 35 g)
- Häkelnadel Nr. 5
- Rotes Stickgarn oder rote Wolle, um den Mund aufzusticken
- Sticknadel
- Stecknadeln
- 1 Paar Sicherheitsaugen mit 12 mm Durchmesser
- Polyester-Füllwatte = 170 g
- 5 Herzknöpfe (ca. 1 cm) zur Dekoration

Anmerkungen

- Dieses Modell wird in fortlaufenden Runden gearbeitet. Nicht verbinden oder wenden, es sei denn, es ist so angegeben. Erste Masche jeder Runde markieren.
- Es wird mit zwei Fäden gleichzeitig gehäkelt.

Körper

Den Körper nach der Grundanleitung arbeiten und die Farben wie unten angegeben wechseln.
R 1-8: Hellblau (Hosenfarbe)
R 9-22: Rosa (T-Shirt-Farbe)

Kopf

R 1: Mit 2 Fäden in **Dunkelbraun** (Haarfarbe) und Häkelnadel Nr. 5, 2 LM, 6 FM in die zweite LM von der Häkelnadel aus. (6)
R 2: 2 FM in jede M. (12)
R 3: (2 FM in die nächste M, FM in die nächste M) wdh. (18)
R 4: (FM in die nächsten 2 M, 2 FM in die nächste M) wdh. (24)
R 5: (FM in die nächsten 3 M, 2 FM in die nächste M) wdh. (30)

R 6: FM in die nächsten 2 M, 2 FM in die nächste M, (FM in die nächsten 4 M, 2 FM in die nächste M) 5 mal, FM in die nächsten 2 M. (36)
R 7: (FM in die nächsten 5 M, 2 FM in die nächste M) wdh. (42)
R 8: FM in die nächsten 3 M, 2 FM in die nächste M, (FM in die nächsten 6 M, 2 FM in die nächste M) 5 mal, FM in die nächsten 3 M. (48)
R 9: (FM in die nächsten 7 M, 2 FM in die nächste M) wdh. (54)
R 10: FM in die nächsten 4 M, 2 FM in die nächste M, (FM in die nächsten 8 M, 2 FM in die nächste M) 5 mal, FM in die nächsten 4 M. (60)
R 11: FM in jede M, in den letzten 2 Schlingen der letzten M zu **Beige** (Hautfarbe) wechseln.
R 12: <u>Nur in die hinteren Maschenglieder einstechen.</u> FM in jede M.
R 13-16: FM in jede M.
R 17: (mit FM die nächsten 2 M zus, FM in die nächsten 8 M) wdh. (54)
R 18: (FM in die nächsten 7 M, mit FM die nächsten 2 M zus) wdh. (48)
R 19: FM in die nächsten 3 M, mit FM die nächsten 2 M zus, (FM in die nächsten 6 M, mit FM die nächsten 2 M zus) 5 mal, FM in die nächsten 3 M. (42)
R 20: (FM in die nächsten 5 M, mit FM die nächsten 2 M zus) wdh. (36)
R 21: FM in die nächsten 2 M, mit FM die nächsten 2 M zus, (FM in die nächsten 4 M, mit FM die nächsten 2 M zus) 5 mal, FM in die nächsten 2 M. (30)
R 22: (FM in die nächsten 3 M, mit FM die nächsten 2 M zus) wdh. (24)
R 23: (FM in die nächsten 2 M, mit FM die nächsten 2 M zus) wdh, mit KM in die erste M verbinden, abketten. (18)

Kopf ein wenig ausstopfen, Sicherheitsaugen mit 10 M Abstand bei R 13 - 14 anbringen, dann den Kopf fester ausstopfen. Mit **rotem** Stickgarn den Mund aufsticken. Kopf an den Körper nähen.

Arm
2 mal nach der Grundanleitung für den Arm arbeiten.
R 1- 20: Beige (Hautfarbe).
R 21-27: Rosa (Ärmelfarbe)
Arme bei Runde 21 an den Körper nähen.

Fuß und Bein
2 mal nach der Grundanleitung für Fuß und Bein arbeiten.
R 1- 21: Dunkelblau (Schuhfarbe)
R 22-25: Weiß (Sockenfarbe)
R 26- 32: Beige (Hautfarbe)
R 33-40: Hellblau (Hosenfarbe)
Beine bei R 1-4 an den Körper nähen.

Haar
In Reihen arbeiten. Reihen 2-46 nur in die hinteren Maschenglieder arbeiten.
Reihe 1: Mit 2 Fäden in **Dunkelbraun** und Häkelnadel Nr. 5, 13 LM, FM in die zweite LM von der Häkelnadel aus, FM in die nächsten 11 LM, wenden. (12)
Reihe 2-45: 1 LM, FM in jede M, wenden. (12)
Reihe 46: 1 LM, FM in jede M, langen Faden zum Annähen lassen, abketten. (12)

Haar bei R 12 am Kopf feststecken, siehe Foto.
Haar an die freien Schlingen von R 11 annähen.

Schleife
2 mal. In Reihen arbeiten.
Reihe 1: Mit 2 Fäden in **Rosa** und Häkelnadel Nr. 5, 8 LM, FM in die zweite LM von der Häkelnadel aus, FM in die nächsten 6 LM, wenden. (7)
Reihe 2: 1 LM, FM in die nächsten 3 M, KM in die nächste M, FM in die nächsten 3 M, wenden. (7)
Reihe 3: 1 LM, FM in die nächsten 3 M, KM in die nächste M, FM in die nächsten 3 M, langen Faden zum Annähen lassen, abketten. (7)

Die Mitte der Schleife zusammennähen, dann den Knopf darauf, siehe Fotos unten.

Fertigstellen
Schleifen auf beiden Seiten des Kopfes annähen.

Knöpfe an den Körper nähen.

Izzy

Material

- Mitteldickes Garn, z.B. Robin DK = 300 m / 100 g Fiesta Rosa = 45 g, Crème = 70 g, Minze = 35g und Gelb (Sonnenblume) = 45g;
- Häkelnadel Nr. 5;
- Rotes Stickgarn oder rote Wolle, um den Mund aufzusticken;
- Sticknadel;
- Stecknadeln;
- 1 Paar Sicherheitsaugen mit 12 mm Durchmesser;
- Polyester-Füllwatte = 170 g.

Anmerkungen

- Dieses Modell wird in fortlaufenden Runden gearbeitet. Nicht verbinden oder wenden, es sei denn, es ist so angegeben. Erste Masche jeder Runde markieren.
- Es wird mit zwei Fäden gleichzeitig gehäkelt.

Körper

R 1: Mit 2 Fäden in **Minze** (Saumfarbe) und Häkelnadel Nr. 5, 2 LM, 6 FM in die zweite LM von der Häkelnadel aus. (6)
R 2: 2 FM in jede M. (12)
R 3: (2 FM in die nächste M, FM in die nächste M) wdh. (18)
R 4: (FM in die nächsten 2 M, 2 FM in die nächste M) wdh. (24)
R 5: (FM in die nächsten 3 M, 2 FM in die nächste M) wdh. (30)
R 6: FM in die nächsten 2 M, 2 FM in die nächste M, (FM in die nächsten 4 M, 2 FM in die nächste M) 5 mal, FM in die nächsten 2 M. (36)
R 7: FM in jede M.
R 8: <u>Nur in die hinteren Maschenglieder einstechen.</u> FM in jede M, in den letzten 2 Schlingen der letzten M zu **Rosa** wechseln.

R 9: FM in jede M, in den letzten 2 Schlingen der letzten M zu **Minze** wechseln.
R 10: FM in jede M, in den letzten 2 Schlingen der letzten M zu **Rosa** wechseln.
R 11: (die nächsten 2 M mit FM zus, FM in die nächsten 10 M) wdh, in den letzten 2 Schlingen der letzten M zu **Minze** wechseln. (33)
R 12: FM in jede M, in den letzten 2 Schlingen der letzten M zu **Rosa** wechseln.
R 13: (die nächsten 2 M mit FM zus, FM in die nächsten 9 M) wdh, in den letzten 2 Schlingen der letzten M zu **Minze** wechseln. (30)
R 14: FM in jede M, in den letzten 2 Schlingen der letzten M zu **Rosa** wechseln. (30)
R 15: FM in die nächsten 4 M, die nächsten 2 M mit FM zus, (FM in die nächsten 8 M, die nächsten 2 M mit FM zus) 2 mal, FM in die nächsten 4 M, in den letzten 2 Schlingen der letzten M zu **Minze** wechseln. (27)
R 16: FM in jede M, in den letzten 2 Schlingen der letzten M zu **Rosa** wechseln.
R 17: (die nächsten 2 M mit FM zus, FM in die nächsten 7 M) wdh, in den letzten 2 Schlingen der letzten M zu **Minze** wechseln. (24)
R 18: FM in jede M, in den letzten 2 Schlingen der letzten M zu **Rosa** wechseln.
R 19: FM in die nächsten 3 M, die nächsten 2 M mit FM zus, (FM in die nächsten 6 M, die nächsten 2 M mit FM zus) 2 mal, FM in die nächsten 3 M, in den letzten 2 Schlingen der letzten M zu **Minze** wechseln. (21)
R 20: FM in jede M, in den letzten 2 Schlingen der letzten M zu **Rosa** wechseln.
R 21: (die nächsten 2 M mit FM zus, FM in die nächsten 5 M) wdh, in den letzten 2 Schlingen der letzten M zu **Minze** wechseln. (18)
R 22: FM in jede M.
R 23: <u>Nur in die vorderen Maschenglieder arbeiten.</u> (5 LM, FM in die nächste M) wdh, langen Faden zum Annähen lassen, abketten.

Rock

R 1: In die freien Schlingen von R 7 arbeiten, mit 2 Fäden in **Rosa**, mit KM verbinden, 1 LM, FM in die selbe M, FM in die nächsten 10 M, 2 FM in die nächste M, (FM in die nächsten 11 M, 2 FM in die nächste M) 2 mal, in den letzten 2 Schlingen der letzten M zu **Minze** wechseln. (39)
R 2: FM in die nächsten 6 M, 2 FM in die nächste M, (FM in die nächsten 12 M, 2 FM in die nächste M) 2 mal, FM in die nächsten 6 M, in den letzten 2 Schlingen der letzten M zu **Rosa** wechseln. (42)
R 3: (FM in die nächsten 13 M, 2 FM in die nächste M) wdh, in den letzten 2 Schlingen der letzten M zu **Minze** wechseln. (45)
R 4: FM in die nächsten 7 M, 2 FM in die nächste M, (FM in die nächsten 14 M, 2 FM in die nächste M) 2 mal, FM in die nächsten 7 M, in den letzten 2 Schlingen der letzten M zu **Rosa** wechseln. (48)
R 5: (FM in die nächsten 15 M, 2 FM in die nächste M) wdh, in den letzten 2 Schlingen der letzten M zu **Minze** wechseln. (51)
R 6: FM in die nächsten 8 M, 2 FM in die nächste M, (FM in die nächsten 16 M, 2 FM in die nächste M) 2 mal, FM in die nächsten 8 M, in den letzten 2 Schlingen der letzten M zu **Rosa** wechseln. (54)
R 7: (FM in die nächsten 17 M, 2 FM in die nächste M) wdh, in den letzten 2 Schlingen der letzten M zu **Minze** wechseln. (57)
R 8: (FM in die nächsten 18 M, 2 FM in die nächste M) wdh.
R 9: (5 LM, FM in die nächste M) wdh, abketten. Körper ausstopfen.

Kopf
Nach der Grundanleitung für den Kopf in Crème arbeiten. Mit **rotem** Stickgarn den Mund aufsticken. Kopf an den Körper annähen.

Arm
2 mal nach der Grundanleitung für den Arm arbeiten. Arme bei R 21 an den Körper nähen.

Fuß und Bein
2 mal nach der Grundanleitung für Fuß und Bein arbeiten.
R 1- 21: Fiesta Pink (Schuhfarbe)
R 22-40: Crème (Hautfarbe)
Beine bei R 1-4 an den Körper nähen.

Blume
R 1: Mit 2 Fäden in **Minze** und Häkelnadel Nr. 5, 2 LM, 6 FM in die zweite LM von der Häkelnadel aus, in den letzten 2 Schlingen der letzten M zu **Rosa** wechseln. (6)
R 2: FM in die nächste M, (5 LM, FM in die selbe M, 5 LM, FM in die nächste M) 5 mal, 5 LM, FM in die selbe M, 5 LM, KM in die erste M, langen Faden zum Annähen lassen, abketten. (12 Blütenblätter)

Haar
Haarkappe
R 1: Mit 2 Fäden in **Gelb** (Haarfarbe) und Häkelnadel Nr. 5, 2 LM, 6 FM in die zweite LM von der Häkelnadel aus. (6)
R 2: 2 FM in jede M. (12)
R 3: (2 FM in die nächste M, FM in die nächste M) wdh. (18)
R 4: (FM in die nächsten 2 M, 2 FM in die nächste M) wdh. (24)
R 5: (FM in die nächsten 3 M, 2 FM in die nächste M) wdh. (30)
R 6: FM in die nächsten 2 M, 2 FM in die nächste M, (FM in die nächsten 4 M, 2 FM in die nächste M) 5 mal, FM in die nächsten 2 M. (36)
R 7: (FM in die nächsten 5 M, 2 FM in die nächste M) wdh. (42)
R 8: FM in die nächsten 3 M, 2 FM in die nächste M, (FM in die nächsten 6 M, 2 FM in die nächste M) 5 mal, FM in die nächsten 3 M. (48)
R 9: (FM in die nächsten 7 M, 2 FM in die nächste M) wdh. (54)
R 10: FM in die nächsten 4 M, 2 FM in die nächste M, (FM in die nächsten 8 M, 2 FM in die nächste M) 5 mal, FM in die nächsten 4 M. (60)
R 11: (FM in die nächsten 19 M, 2 FM in die nächste M) wdh. (63)
R 12-17: FM in jede M.

Reihen 18-22 werden in Reihen gearbeitet.
Reihe 18: FM in die nächsten 46 M, wenden. (46)
Reihe 19-21: 1 LM, FM in jede M, wenden. (46)
Reihe 22: 1 LM, FM in jede M, langen Faden zum Annähen lassen, abketten. (46)

Haarkappe auf den Kopf setzen, feststecken und annähen.

32 Fäden vom **gelben** Garn abschneiden, je ca. 35 cm lang. Für jede Haarsträhne einen Faden nehmen, in der Hälfte zusammenlegen, Häkelnadel bei Reihe 22 der Haarkappe einstechen, das gefaltete Fadenende durch die Masche ziehen und die losen Enden durch das zusammengelegte Ende ziehen, Knoten fest anziehen. Noch weitere 15 Strähnen hinzufügen, ebenso auf der anderen Seite verfahren (siehe Foto unten).

Die Puppe kann ganz nach Belieben offene oder geflochtene Zöpfe tragen.

Fertigstellen
Blume seitlich an den Kopf nähen.

Amy

Material

- Mitteldickes Garn, z.B. Robin DK = 300 m / 100 g, Fiesta Pink 064 = 30 g, Crème 041 = 70 g, und Dunkelbraun 051 = 15 g (für die Kopfhaut, in dieser oder einer anderen gewünschten Haarfarbe);
- Mitteldickes Garn, Cygnet Pato DK = 300 m / 100 g, (Blau 911 = 125 g und Rosa 912 = 5 g);
- Dickes Bouclé-Garn: Sirdar Persia Chunky = 85 m / 50 g, Dunkelbraun 401 = 50 g für die Haare;
- Häkelnadel Nr. 5;
- Rotes Stickgarn oder rote Wolle, um den Mund aufzusticken;
- Sticknadel;
- Stecknadeln;
- 1 Paar Sicherheitsaugen mit 12 mm Durchmesser;
- Polyester-Füllwatte = 170 g;
- Kleines Stück Stoff (ca. 15 cm x 20 cm);
- Nadel und Nähgarn, um den Stoff an das Hasenohr zu nähen.

Anmerkungen

- Dieses Projekt wird in fortlaufenden Runden gearbeitet. Nicht verbinden oder wenden, es sei denn, es ist anders angegeben. Erste Masche jeder Runde markieren.
- Mit 2 Fäden gleichzeitig häkeln.

Körper

R 1: Mit doppeltem Faden in **Blau** und Häkelnadel Nr. 5, 2 LM, 6 FM in die zweite LM von der Häkelnadel aus. (6)
R 2: 2 FM in jede M. (12)
R 3: (2 FM in die nächste M, FM in die nächste M) wdh. (18)
R 4: (FM in die nächsten 2 M, 2 FM in die nächste M) wdh. (24)
R 5: (FM in die nächsten 3 M, 2 FM in die nächste M) wdh. (30)
R 6: FM in die nächsten 2 M, 2 FM in die nächste M, (FM in die nächsten 4 M, 2 FM in die nächste M) 5 mal, FM in die nächsten 2 M. (36)
R 7: FM in jede M.
R 8: <u>Nur in die hinteren Maschenglieder arbeiten.</u> FM in jede M.
R 9-10: FM in jede M.
R 11: (Mit FM die nächsten 2 M zus, FM in die nächsten 10 M) wdh. (33)
R 12: FM in jede M.
R 13: (Mit FM die nächsten 2 M zus, FM in die nächsten 9 M) wdh.(30)
R 14: FM in jede M. (30)
R 15: FM in die nächsten 4 M, mit FM die nächsten 2 M zus, (FM in die nächsten 8 M, mit FM die nächsten 2 M zus) 2 mal, FM in die nächsten 4 M. (27)
R 16: FM in jede M.
R 17: (Mit FM die nächsten 2 M zus, FM in die nächsten 7 M) wdh. (24)
R 18: FM in jede M.
R 19: FM in die nächsten 3 M, mit FM die nächsten 2 M zus, (FM in die nächsten 6 M, mit FM die nächsten 2 M zus) 2 mal, FM in die nächsten 3 M. (21)
R 20: FM in jede M.
R 21: (Mit FM die nächsten 2 M zus, FM in die nächsten 5 M) wdh. (18)
R 22: FM in jede M, mit KM in die erste M verbinden, langen Faden zum Annähen lassen, abketten. (18)

Rock

R 1: In die freien Schlingen von R 7 arbeiten, mit doppeltem Faden in **Blau**, mit KM verbinden, 1 LM, FM in die selbe M, 1 LM, (FM in die nächste M, 1 LM) wdh. (36 M, 36 LM)
R 2-6: (FM in die nächste M, 1 LM) wdh. (36 M, 36 LM)
R 7: (FM in die nächste M, 1 LM) wdh, KM in die erste M, abketten. (36 M, 36 LM)
Körper ausstopfen.

Kopf

Die Runden 1-11 werden nur in die hinteren Maschenglieder gearbeitet.
R 1: Mit doppeltem Faden in **Dunkelbraun** (Hautfarbe für die Kopfhaut) und Häkelnadel Nr. 5, 2 LM, 6 FM in die zweite LM von der Häkelnadel aus. (6)
R 2: 2 FM in jede M. (12)
R 3: (2 FM in die nächste M, FM in die nächste M) wdh. (18)
R 4: (FM in die nächsten 2 M, 2 FM in die nächste M) wdh. (24)
R 5: (FM in die nächsten 3 M, 2 FM in die nächste M) wdh. (30)
R 6: FM in die nächsten 2 M, 2 FM in die nächste M, (FM in die nächsten 4 M, 2 FM in die nächste M) 5 mal, FM in die nächsten 2 M. (36)

R 7: (FM in die nächsten 5 M, 2 FM in die nächste M) wdh. (42)
R 8: FM in die nächsten 3 M, 2 FM in die nächste M, (FM in die nächsten 6 M, 2 FM in die nächste M) 5 mal, FM in die nächsten 3 M. (48)
R 9: (FM in die nächsten 7 M, 2 FM in die nächste M) wdh. (54)
R 10: FM in die nächsten 4 M, 2 FM in die nächste M, (FM in die nächsten 8 M, 2 FM in die nächste M) 5 mal, FM in die nächsten 4 M, in den letzten 2 Schlingen der letzten M zu **Crème** (Hautfarbe) wechseln. (60)
R 11: FM in jede M.

R 12-16: FM in jede M.
R 17: (Mit FM die nächsten 2 M zus, FM in die nächsten 8 M) wdh. (54)
R 18: (FM in die nächsten 7 M, mit FM die nächsten 2 M zus) wdh. (48)
R 19: FM in die nächsten 3 M, mit FM die nächsten 2 M zus, (FM in die nächsten 6 M, mit FM die nächsten 2 M zus) 5 mal, FM in die nächsten 3 M. (42)
R 20: (FM in die nächsten 5 M, mit FM die nächsten 2 M zus) wdh. (36)
R 21: (FM in die nächsten 2 M, mit FM die nächsten 2 M zus, (FM in die nächsten 4 M, mit FM die nächsten 2 M zus) 5 mal, FM in die nächsten 2 M. (30)
R 22: (FM in die nächsten 3 M, mit FM die nächsten 2 M zus) wdh. (24)
R 23: (FM in die nächsten 2 M, mit FM die nächsten 2 M zus) wdh, mit KM in die erste M verbinden, abketten. (18)

Kopf ein wenig ausstopfen, Sicherheitsaugen mit 10 M Abstand bei R 13 - 14 befestigen, dann den Kopf fester ausstopfen. Mit rotem Stickgarn den Mund aufsticken. Kopf an den Körper annähen.

Arm
2 mal nach der Grundanleitung für den Arm arbeiten.
R 1- 20: Crème (Hautfarbe).
R 21-27: Blau (Ärmelfarbe)
Arme bei R 21 an den Körper nähen.

Fuß und Bein
2 mal nach der Grundanleitung für Fuß und Bein arbeiten.
R 1- 21: Fiesta Pink (Schuhfarbe)
R 22-40: Crème (Hautfarbe)
Beine bei R 1-4 an den Körper nähen.

Gürtel
Mit doppeltem Faden in **Rosa** und Häkelnadel Nr. 5, 36 LM, langen Faden zum Annähen lassen, abketten. Bei R 8 um den Körper nähen.

Haar

Das dicke Bouclé-Garn (**Dunkelbraun**) in 60 cm lange Fäden für die Haare zuschneiden. Einen Faden nehmen und in der Mitte falten, Häkelnadel in die freien Schlingen von R 1 des Kopfs einstecken, das zusammengelegte Fadenende durch die Masche ziehen und die offenen Enden durch das gefaltete Ende ziehen, Knoten fest anziehen.

Die Haare in den ersten 6 freien Schlingen in jede M anbringen, danach eine M überspringen, nächste Strähne in die nächste M einziehen, so weiter arbeiten bis zum Ende der freien Schlingen von R 10 (siehe Fotos unten).

Hasenmütze

R 1: Mit doppeltem Faden in **Blau** und Häkelnadel Nr. 5, 2 LM, 6 FM in die zweite LM von der Häkelnadel aus. (6)
R 2: 2 FM in jede M. (12)
R 3: (2 FM in die nächste M, FM in die nächste M) wdh. (18)
R 4: (FM in die nächsten 2 M, 2 FM in die nächste M) wdh. (24)
R 5: (FM in die nächsten 3 M, 2 FM in die nächste M) wdh. (30)
R 6: FM in die nächsten 2 M, 2 FM in die nächste M, (FM in die nächsten 4 M, 2 FM in die nächste M) 5 mal, FM in die nächsten 2 M. (36)
R 7: (FM in die nächsten 5 M, 2 FM in die nächste M) wdh. (42)
R 8: FM in die nächsten 3 M, 2 FM in die nächste M, (FM in die nächsten 6 M, 2 FM in die nächste M) 5 mal, FM in die nächsten 3 M. (48)
R 9: (FM in die nächsten 7 M, 2 FM in die nächste M) wdh. (54)
R 10: FM in die nächsten 4 M, 2 FM in die nächste M, (FM in die nächsten 8 M, 2 FM in die nächste M) 5 mal, FM in die nächsten 4 M. (60)
R 11: (FM in die nächsten 9 M, 2 FM in die nächste M) wdh. (66)
R 12-17: FM in jede M.
R 18: FM in jede M, mit KM in die erste M verbinden, abketten.

Hasenohr
2 mal

R 1: Mit doppeltem Faden in **Blau** und Häkelnadel Nr. 5, 2 LM, 6 FM in die zweite LM von der Häkelnadel aus. (6)
R 2: 2 FM in jede M. (12)
R 3: FM in jede M.
R 4: (2 FM in die nächste M, FM in die nächste M) wdh. (18)
R 5: FM in jede M.
R 6: (FM in die nächsten 2 M, 2 FM in die nächste M) wdh. (24)
R 7-12: FM in jede M.
R 13: (Mit FM die nächsten 2 M zus, FM in die nächsten 6 M) wdh. (21)
R 14: FM in jede M.
R 15: (FM in die nächsten 5 M, mit FM die nächsten 2 M zus) wdh. (18)
R 16: FM in jede M.
R 17: FM in die nächsten 2 M, mit FM die nächsten 2 M zus, (FM in die nächsten 4 M, mit FM die nächsten 2 M zus) 2 mal, FM in die nächsten 2 M. (15)
R 18: FM in jede M.
R 19: (FM in die nächsten 3 M, mit FM die nächsten 2 M zus) wdh. (12)
R 20: FM in jede M, mit KM in die erste M verbinden, langen Faden zum Annähen lassen, abketten.

Stoff passend zum Ohr zuschneiden,

oben auf das Ohr legen, die Kanten des Stoffes nach innen zwischen Stoff und Ohr einfalten, mit Stecknadeln feststecken. Stoff an das Ohr nähen.

Ohr in der Mitte falten und nähen. 2 Ohren zusammenhalten und nähen. Ohren in der Mitte der Mütze annähen (siehe Foto unten).

Fertigstellen
Das Haar kann beliebig frisiert werden.

Äffchen

Material
(Maschenprobe: 12 – 17 M mit Häkelnadel 4,5 bis 5,5 = 10 cm)
- Robin DK; Taupe = 110 g, Skyway Marl 011 (für das Hemd) = 20 g, ein Rest Weiß für die Augen.
- Bonus DK: Beige 842 = 20 g;
- Häkelnadel Nr. 5;
- Häkelnadel Nr. 3,25 zum Häkeln der schwarzen Augen;
- DMC Baumwoll-Perlgarn Stärke 3 (115/3): Farbe Schwarz 310 = 1 Strang;
- Sticknadel;
- Stecknadeln;
- Polyester-Füllwatte = 170 g.

Anmerkungen
- Dieses Modell wird in fortlaufenden Runden gearbeitet. Nicht verbinden oder wenden, es sei denn es ist so angegeben. Erste Masche jeder Runde markieren.
- Mit zwei Fäden gleichzeitig häkeln.

Körper
Den Körper nach der Grundanleitung arbeiten und die Farben wie unten angegeben wechseln.
R 1- 10: Taupe (Körperfarbe).
R 21-27: Farbe Skyway Marl 011 (T-Shirt-Farbe)

Kopf
Nach der Grundanleitung für den Kopf in Taupe. Kopf fest ausstopfen und an den Körper nähen.

Fuß und Bein
2 mal nach der Grundanleitung für Fuß und Bein in Taupe arbeiten. Beine bei R 1-4 an den Körper nähen.

Arm
2 mal: R 1- 23 werden genauso wie die Grundanleitung für die Arme gearbeitet.
R 1- 23: Taupe
R24-29: Farbe Skyway Marl 011, FM in jede M. (9)

R 30: FM in jede M, mit KM in die erste M verbinden. Langen Faden zum Annähen lassen, abketten. Arme bei R 21 an den Körper nähen.

Schwanz
Mit zwei Fäden in **Taupe** und Häkelnadel Nr. 5, 40 LM, Stb in die vierte LM von der Häkelnadel aus, Stb in die nächsten 36 LM, langen Faden zum Annähen lassen, abketten. Oberseite der Stäbchen an die Anfangsluftmaschen nähen, siehe Foto.

Schwanz bei R 6 an den Körper nähen.

Augen
Weiße Augen
R 1: Mit zwei Fäden in **Weiß** und Häkelnadel Nr. 5, 2 LM, 6 FM in die zweite LM von der Häkelnadel aus. (6)
R 2: 2 FM in jede M. (12)
R 3: (2 FM in die nächste M, FM in die nächste M) wdh, in den letzten 2 Schlingen der letzten M zu **Beige** wechseln. (18)

R 4: <u>Nur in die hinteren Maschenglieder arbeiten.</u> (FM in die nächsten 2 M, 2 FM in die nächste M) wdh, mit KM in die erste M verbinden. Langen Faden zum Annähen lassen, abketten. (24)

2 Kreise bei etwa 4 M zusammen nähen, siehe Foto unten.

Schwarze Pupillen der Augen
R 1: Mit DMC Baumwoll-Perlgarn in **Schwarz** und Häkelnadel Nr. 3,25, 4 LM, FM in die zweite LM von der Häkelnadel aus, FM in die nächste LM, 3 FM in die nächste LM; in die rückwärtigen Schlingen der Anfangs-LM arbeiten, FM in die nächste LM, 2 FM in die nächste LM. (8)

```
    x  x  x  o         o = LM
    x  o  o  o  x      x = FM
    x  x  x
```

R 2: 2 FM in die nächste M, FM in die nächste M, 2 FM in die nächsten 3 M, FM in die nächste M, 2 FM in die nächsten 2 M, mit KM in die erste M verbinden, langen Faden zum Annähen lassen, abketten. (14)

Schwarze Augen, wie im Foto gezeigt, auf die weißen Augen nähen.

Ohren

Jeweils 2 Ohren in Taupe und Beige arbeiten.
R 1: Mit zwei Fäden in **Taupe** und Häkelnadel Nr. 5, 2 LM, 6 FM in die zweite LM von der Häkelnadel aus. (6)
R 2: 2 FM in jede M, mit KM in die erste M verbinden, abketten. (12)
R 3: Jeweils ein beigefarbenes und ein taupefarbenes Ohr so zusammenhalten, dass die Maschen aufeinander passen. In R 2 durch beide Lagen hindurch arbeiten, mit der beigefarbenen Seite auf sich gerichtet, mit **Taupe**, mit KM verbinden, 1 LM, FM in die selbe M, 2 FM in die nächste M, (FM in die nächste M, 2 FM in die nächste M) 5 mal. (18)
R 4: (2 FM in die nächste M, FM in die nächsten 2 M) 5 mal, KM in die nächste M, langen Faden zum Annähen lassen, abketten. (20)

Mund

R 1: Mit zwei Fäden in **Beige** und Häkelnadel Nr. 5, 17 LM, FM in die zweite LM von der Häkelnadel aus, FM in die nächsten 14 LM, 3 FM in die nächste LM; in die rückwärtigen Schlingen der Anfangs-LM arbeiten, FM in die nächsten 14 LM, 2 FM in die nächste LM. (34)

```
   x x x x x x x x x x x x x x x x o
 x o o o o o o o o o o o o o o o o x
   x x x x x x x x x x x x x x x x
        o = LM        x = FM
```

R 2: 2 FM in die nächste M, FM in die nächsten 14 M, 2 FM in die nächsten 3 M, FM in die nächsten 14 M, 2 FM in die nächsten 2 M. (40)

R 3: FM in die nächste M, 2 FM in die nächste M, FM in die nächsten 15 M, 2 FM in die nächste M, (FM in die nächste M, 2 FM in die nächste M) 2 mal, FM in die nächsten 15 M, 2 FM in die nächste M, FM in die nächste M, 2 FM in die nächste M. (46)
R 4-6: FM in jede M.
R 7: FM in jede M, mit KM in die erste M verbinden, langen Faden zum Annähen lassen, abketten.

Fertigstellen

Die Augen bei R 10-16 am Kopf feststecken und annähen. Ohren bei R 12-16 am Kopf feststecken und annähen.

Mund, wie im Foto, bei R 17-22 am Kopf feststecken, am Kopf annähen und ausstopfen, bevor die Naht vollständig geschlossen wird.

Mit **schwarzem** DMC Baumwoll-Perlgarn den Mund, wie im Foto, aufsticken.

Hase

Material

- Mitteldickes Garn (Maschenprobe 12 – 17 M mit Häkelnadel 4,5 bis 5,5 = 10 cm) z.B. Bonny Baby DK von Robin (Rosa = 120 g);
- Mitteldickes Garn z.B. Paintbox DK von Robin (Tropic 1113 = 40 g);
- Häkelnadel Nr. 5;
- Sicherheitsaugen (12 mm);
- Schwarzes Stickgarn;
- Sticknadel;
- Stecknadeln;
- Polyester-Füllwatte = 170 g.

Anmerkungen

- Dieses Modell wird in fortlaufenden Runden gearbeitet, nicht verbinden oder wenden, es sei denn, es ist so angegeben. Erste Masche jeder Runde markieren.
- Mit 2 Fäden gleichzeitig häkeln.

Kopf

Einmal nach der Grundanleitung für den Kopf in Rosa arbeiten.

Körper

R 1: Mit 2 Fäden in **Rosa** (Körperfarbe), 2 LM, 6 FM in die zweite LM von der Häkelnadel aus. (6)
R 2: 2 FM in jede M. (12)
R 3: (2 FM in die nächste M, FM in die nächste M) wdh. (18)
R 4: (FM in die nächsten 2 M, 2 FM in die nächste M) wdh. (24)
R 5: (FM in die nächsten 3 M, 2 FM in die nächste M) wdh. (30)
R 6: FM in die nächsten 2 M, 2 FM in die nächste M, (FM in die nächsten 4 M, 2 FM in die nächste M) 5 mal, FM in die nächsten 2 M. (36)

R 7: FM in jede M.
R 8: FM in jede M, in den letzten 2 Schlingen der letzten M zu **Tropic 1113** (Shirtfarbe) wechseln.
R 9: FM in jede M.
R 10: Nur in die hinteren Schlingen arbeiten. FM in jede M.
R 11: (mit FM die nächsten 2 M zus, FM in die nächsten 10 M) wdh. (33)
R 12: FM in jede M.
R 13: (mit FM die nächsten 2 M zus, FM in die nächsten 9 M) wdh. (30)
R 14: FM in jede M. (30)
R 15: FM in die nächsten 4 M, mit FM die nächsten 2 M zus, (FM in die nächsten 8 M, mit FM die nächsten 2 M zus) 2 mal, FM in die nächsten 4 M. (27)
R 16: FM in jede M.
R 17: (mit FM die nächsten 2 M zus, FM in die nächsten 7 M) wdh. (24)
R 18: FM in jede M.
R 19: FM in die nächsten 3 M, mit FM die nächsten 2 M zus, (FM in die nächsten 6 M, mit FM die nächsten 2 M zus) 2 mal, FM in die nächsten 3 M. (21)
R 20: FM in jede M.
R 21: (mit FM die nächsten 2 M zus, FM in die nächsten 5 M) wdh. (18)
R 22: FM in jede M, KM in die erste M, langen Faden zum Annähen lassen, abketten.

Rock

R 1: In die freien Schlingen von R 9 arbeiten, mit 2 Fäden in **Tropic 1113** (Rockfarbe), mit KM verbinden, 1 LM, FM in die selbe M, FM in die nächsten 10 M, 2 FM in die nächste M, (FM in die nächsten 11 M, 2 FM in die nächste M) 2 mal. (39)
R 2: FM in die nächsten 6 M, 2 FM in die nächste M, (FM in die nächsten 12 M, 2 FM in die nächste M) 2 mal, FM in die nächsten 6 M. (42)
R 3: (FM in die nächsten 13 M, 2 FM in die nächste M) wdh. (45)
R 4: FM in die nächsten 7 M, 2 FM in die nächste M, (FM in die nächsten 14 M, 2 FM in die nächste M) 2 mal, FM in die nächsten 7 M. (48)
R 5: (FM in die nächsten 15 M, 2 FM in die nächste M) wdh. (51)
R 6: FM in die nächsten 8 M, 2 FM in die nächste M, (FM in die nächsten 16 M, 2 FM in die nächste M) 2 mal, FM in die nächsten 8 M. (54)
R 7: (FM in die nächsten 17 M, 2 FM in die nächste M) wdh. (57)
R 8: (3 LM, FM in die nächste M) wdh, abketten.
Körper ausstopfen und den Kopf annähen.

Fuß und Bein

2 mal nach der Grundanleitung für Fuß und Bein in Rosa arbeiten. Beine bei R 1-4 an den Körper nähen.

Arm

2 mal. Nur die Hand ausstopfen.
R 1: Mit zwei Fäden in **Rosa** (Handfarbe), 2 LM, 6 FM in die zweite LM von der Häkelnadel aus. (6)
R 2: 2 FM in jede M. (12)
R 3: (FM in die nächste M, 2 FM in die nächste M) wdh. (18)
R 4-6: FM in jede M.
R 7: (mit FM die nächsten 2 M zus, FM in die nächsten 4 M) wdh. (15)
R 8: (FM in die nächsten 3 M, mit FM die nächsten 2 M zus) wdh. (12)
R 9: (FM in die nächsten 2 M, mit FM die nächsten 2 M zus) wdh, in den letzten 2 Schlingen der letzten M zu **Tropic 1113** wechseln . Hand ausstopfen. (9)
R 10: Nur in die hinteren Schlingen arbeiten. FM in jede M.
R 11-26: FM in jede M.
R 27: FM in jede M, mit KM in die erste M verbinden, langen Faden zum Annähen lassen, abketten.

Ärmelrand In die freien Schlingen von R 9 arbeiten, mit 2 Fäden in **Tropic 1113**, mit KM verbinden, 1 LM, FM in die selbe M, (3 LM, FM in die nächste M) wdh, abketten.

Arme bei R 21 an den Körper nähen.

Ohr
4 mal, in Reihen arbeiten.
Reihe 1: Mit 2 Fäden in **Rosa**. 5 LM, FM in die zweite LM von der Häkelnadel aus, FM in die nächsten 3 LM, wenden. (4)
Reihe 2: 1 LM, FM in jede M, wenden.
Reihe 3: 1 LM, 2 FM in die erste M, FM in die nächsten 2 M, 2 FM in die nächste M, wenden. (6)
Reihe 4: 1 LM, FM in jede M, wenden.
Reihe 5: 1 LM, 2 FM in die erste M, FM in die nächsten 4 M, 2 FM in die nächste M, wenden. (8)
Reihe 6: 1 LM, FM in jede M, wenden.
Reihe 7: 1 LM, 2 FM in die erste M, FM in die nächsten 6 M, 2 FM in die nächste M, wenden. (10)
Reihe 8: 1 LM, FM in jede M, wenden.
Reihe 9: 1 LM, 2 FM in die erste M, FM in die nächsten 8 M, 2 FM in die nächste M, wenden. (12)
Reihe 10-12: 1 LM, FM in jede M, wenden.
Reihe 13: 1 LM, mit FM die ersten 2 M zus, FM in die nächsten 8 M, mit FM die nächsten 2 M zus, wenden. (10)
Reihe 14: 1 LM, FM in jede M, wenden.
Reihe 15: 1 LM, mit FM die ersten 2 M zus, FM in die nächsten 6 M, mit FM die nächsten 2 M zus, wenden. (8)
Reihe 16: 1 LM, mit FM die ersten 2 M zus, FM in die nächsten 4 M, mit FM die nächsten 2 M zus, wenden. (6)
Reihe 17: 1 LM, mit FM die ersten 2 M zus, FM in die nächsten 2 M, mit FM die nächsten 2 M zus, abketten. (4)

Je zwei Ohren so halten, dass die M aufeinander passen. In die Endmaschen der Reihen und in die Reihe 17 durch beide Lagen hindurch mit **Rosa** arbeiten, mit KM verbinden am Ende von Reihe 1, 1 LM, FM in die selbe M, FM rund um das Ohr bis auf die andere Seite von Reihe 1, siehe Foto.

Schleife
Schleife: In Reihen arbeiten.
Reihe 1: Mit 2 Fäden in **Tropic 1113**, 2 LM, 3 FM in die zweite LM von der Häkelnadel aus, wenden. (3)
Reihe 2: 1 LM, FM in jede M, wenden.
Reihe 3: 1 LM, 2 FM in die erste M, FM in die nächste M, 2 FM in die nächste M, wenden. (5)
Reihe 4-10: 1 LM, FM in jede M, wenden.
Reihe 11: 1 LM, mit FM die ersten 2 M zus, FM in die nächste M, mit FM die nächsten 2 M zus, wenden. (3)
Reihe 12-15: 1 LM, FM in jede M, wenden.
Reihe 16: 1 LM, 2 FM in die erste M, FM in die nächste M, 2 FM in die nächste M, wenden. (5)

Reihe 17-23: 1 LM, FM in jede M, wenden.
Reihe 24: 1 LM, mit FM die ersten 2 M zus, FM in die nächste M, mit FM die nächsten 2 M zus, wenden. (3)
Reihe 25: 1 LM, FM in jede M, wenden.
Reihe 26: 1 LM, mit FM 3 M zus, abketten.
Reihe 1 und Reihe 26 zusammen nähen.

Mittelteil: In Reihen arbeiten.
Reihe 1: Mit 2 Fäden in **Tropic 1113**, 6 LM, FM in die zweite LM von der Häkelnadel aus, FM in die nächsten 4 LM, wenden. (5)
Reihe 2: 1 LM, FM in jede M, langen Faden zum Annähen lassen, abketten.

Die Rückseite der Schleife an die Ohren und dann die Unterseite der Schleife am Kopf fest nähen.

Mittelteil um die Mitte der Schleife nähen.

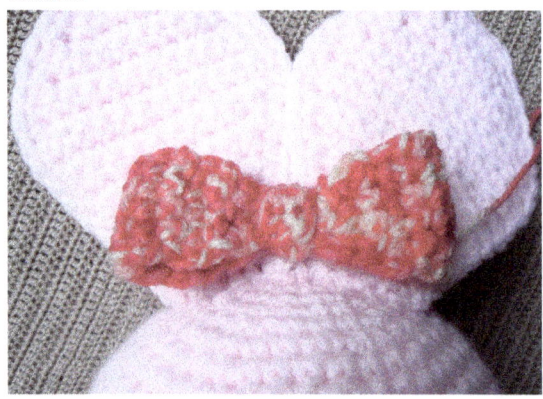

Mit schwarzem Stickgarn den Mund, wie im Foto, aufsticken.

Fertigstellen
Ohren oben in der Mitte des Kopfes bei R 1-5 annähen.

Kätzchen

Material

- Sehr dickes Garn, z.B. Sirdar Big Softie:
  - Gelb (Top Banana 329)= 5 Knäuel,
  - Rosa (Cupcake 334) = 1 Knäuel,
  - Rot (Cherry Pie 339) = 1 Knäuel,
  - Crème (Meringue 330) = 1 Knäuel;
- Perlgarn, z.B. DMC Pearl Cotton Fadenstärke 3 (115/3):
  - Schwarz 310 = 1 Strang,
  - Dunkelrosa 3326 = 1 Strang;
- Häkelnadel Nr. 6 und 3;
- Polyesterfüllwatte = 250 g;
- Sticknadel;
- 8 Knöpfe mit 1,5 cm Durchmesser;
- Stecknadeln.

Anmerkungen

- Dieses Modell wird in fortlaufenden Runden gearbeitet. Nicht verbinden oder wenden, es sei denn, es ist so angegeben. Erste Masche jeder Runde markieren.
- Mit einem Faden häkeln.

Körper

Nach der Grundanleitung für den Körper arbeiten.
R 1- 10: Gelb
R 11: Rot
R 12: Rosa
R 13: Crème
R 14: Rot
R 15: Rosa
R 16: Crème
R 17: Rot
R 18: Rosa
R 19: Crème
R 20-22: Rot
Körper an den Kopf annähen.

Kopf

Nach der Grundanleitung für den Kopf mit Gelb arbeiten.

Fuß und Bein

2 mal nach der Grundanleitung für Fuß und Bein mit Gelb arbeiten. Beine bei R 1-4 an den Körper annähen.

Arm

2 mal nach der Grundanleitung für den Arm arbeiten.
R 1- 12: Gelb
R 13: Rot
R 14: Rosa
R 15: Crème
R 16: Rot
R 17: Rosa
R 18: Crème
R 19: Rot
R 20: Rosa
R 21: Crème
R 22: Rot
R 23: Rosa
R 24: Crème
R 25-27: Rot
Arme bei R 21 an den Körper nähen.

Ohren

2 mal.
R 1: mit **Gelb**, 2 LM, 4 FM in die zweite LM von der Häkelnadel aus. (4)
R 2: (2 FM in die nächste M, FM in die nächste M) 2 mal. (6)
R 3: 2 FM in jede M. (12)
R 4: (2 FM in die nächste M, FM in die nächste M) wdh. (18)
R 5-6: FM in jede M. (18)
R 7: FM in jede M, mit KM in die erste M verbinden. Langen Faden zum Annähen lassen, abketten. (18)

Ohren bei R 4-11 am Kopf annähen:

Augen

2 mal.
Mit **schwarzem** Perlgarn und Häkelnadel Nr. 3, 4 LM, LM in die zweite LM von der Häkelnadel aus, FM in die nächste M, 3 FM in die nächste LM; in die rückwärtigen Schlingen der Anfangs-LM arbeiten, FM in die nächste LM, 2 FM in die nächste LM, mit KM in die erste M verbinden. Langen Faden zum Annähen lassen, abketten. (8)

```
    x  x  x  o         o = LM
    x  o  o  o  x      x = FM
       x  x  x
```

Nase

In Reihen arbeiten.
Reihe 1: mit **Dunkelrosa** Perlgarn und Häkelnadel Nr. 3, 2 LM, 2 FM in die zweite LM von der Häkelnadel aus, wenden. (2)
Reihe 2: 1 LM, 2 FM in jede M, wenden. (4)
Reihe 3: 1 LM, 2 FM in die erste M, FM in die nächsten 2 M, 2 FM in die nächste M, wenden. (6)

Rand der Nase: 1 LM, FM rund um die Nase, langen Faden zum Annähen lassen.

Mit **schwarzem** Perlgarn den Mund wie in den Bildern gezeigt aufsticken:

Fertigstellen

Augen mit 8 M Abstand bei R 13-14 feststecken und annähen.
Nase bei R 14-15 feststecken und annähen.

Bär

Material

- Häkelnadel Nr. 6;
- Sehr dickes Garn, z.B. Sirdar Big Softie:
  - Braun (Teddy 337) = 3 Knäuel,
  - Lila (Muffler) = 2 Knäuel,
  - Gelb (Top Banana 329) = 1 Knäuel,
  - Crème (Meringue 330) = 1 Knäuel;

- Perlgarn, z.B. DMC Baumwolle Stärke 3 (115/3): Farbe Schwarz 310 = 1 Strang;
- Polyesterfüllwatte = 250 g;
- Sticknadel;
- 8 Knöpfe mit 1,5 cm Durchmesser;
- Stecknadeln.

Anmerkungen

- Dieses Modell wird in fortlaufenden Runden gearbeitet. Nicht verbinden oder wenden, es sei denn, es ist so angegeben. Erste Masche jeder Runde markieren
- Mit einfachem Faden häkeln.

Kopf

Nach der Grundanleitung für den Kopf in Braun arbeiten. Sicherheitsaugen mit 7 M Abstand bei R 11 - 12 am Kopf anbringen.

Körper

Nach der Grundanleitung für den Körper arbeiten.
R 1- 10: Braun
R 11: Gelb
R 12: Lila
R 13: Crème
R 14: Gelb
R 15: Lila
R 16: Crème
R 17: Gelb
R 18: Lila
R 19: Crème
R 20-22: Gelb
Kopf an den Körper nähen.

Fuß und Bein

2 mal nach der Grundanleitung für Fuß und Bein arbeiten.
R 1- 24: Lila
R 25-40: Braun
Beine bei R 1-4 an den Körper annähen.

Arm

2 mal nach der Grundanleitung für den Arm arbeiten.
R 1- 12: Braun
R 13: Gelb
R 14: Lila
R 15: Crème
R 16: Gelb
R 17: Lila
R 18: Crème
R 19: Gelb
R 20: Lila
R 21: Crème
R 22: Gelb
R 23: Lila
R 24: Crème
R 25-27: Gelb
Arme bei R 21 an den Körper nähen.

Ohr

2 mal.
R 1: Mit **Braun,** 2 LM, 6 FM in die zweite LM von der Häkelnadel aus.(6)
R 2: 2 FM in jede M. (12)
R 3: (2 FM in die nächste M, FM in die nächste M) wdh. (18)
R 4: (FM in die nächsten 2 M, 2 FM in die nächste M) wdh. (24)
R 5: FM in jede M. (24)
R 6: (mit FM die nächsten 2 M zus, FM in die nächste M) wdh, mit KM in die erste M verbinden. Langen Faden zum Vernähen lassen, abketten. (16)
Die Öffnung flach zunähen.

Bärenschnauze

R 1: Mit **Crème**, 2 LM, 6 FM in die zweite LM von der Häkelnadel aus. (6)
R 2: 2 FM in jede M. (12)
R 3: (FM in die nächste M, 2 FM in die nächste M) wdh, mit KM in die erste M verbinden, langen Faden zum Vernähen lassen, abketten. (18)

Mit **Perlgarn** in **Schwarz** die Nase und den Mund wie in den Bildern gezeigt aufsticken.

Fertigstellen

Ohren bei R 6 - 14 am Kopf annähen.
Schnauze bei R 11 - 17 zwischen den Augen feststecken und annähen.

Biene & Blumenkorb

Material
- Sirdar Hayfield Bonus Chunky (100% Acryl, 100g / 137m, Nadelstärke 6,5 mm, Maschenprobe: 14 M x 19 R = 10 x 10 cm)
  Sonnenblume 978 = 110 g,
  Schokolade 947 = 55 g,
  Weiß 1365 = 40 g,
  Schwarz 965 etwa 50 cm zum Aufsticken des Mundes;
- Häkelnadel Nr. 6;
- Ein Paar Sicherheitsaugen (15 mm);
- Ein Knopf (15 mm), um den Griff am Korb zu befestigen;
- Vier braune Pfeifenputzer von je 10 cm für die Blütenstiele;
- Sticknadel;
- Nadel, um den Knopf zu befestigen;
- Stecknadeln;
- Polyester-Füllwatte = 260 g.

Anmerkungen
- Dieses Modell wird in fortlaufenden Runden gearbeitet, nicht verbinden oder wenden, es sei denn, es ist anders angegeben. Erste Masche jeder Runde markieren.
- Mit einem Faden häkeln.

Blumenkorb

Korb

R 1: Mit **Schokolade 947**, 2 LM, 6 FM in die zweite LM von der Häkelnadel aus. (6)
R 2: 2 FM in jede M. (12)
R 3: (2 FM in die nächste M, FM in die nächste M) wdh. (18)
R 4: (FM in die nächsten 2 M, 2 FM in die nächste M) wdh. (24)
R 5: (FM in die nächsten 3 M, 2 FM in die nächste M) wdh. (30)
R 6: <u>Nur in die hinteren Maschenglieder arbeiten</u>. FM in jede M. (30)
R 7-10: FM in jede M. (30)
R 11: FM in jede M, für den Griff; 30 LM, FM in die zweite LM von der Häkelnadel aus, FM in die nächsten 28 LM, KM in die nächste M in R 10 (im Bild Rot markiert), abketten.

Griff an der anderen Seite des Korbs annähen, den Knopf darauf nähen, siehe Foto unten.

Blume
4 mal.

R 1: Mit **Sonnenblume 978**, 2 LM, 6 FM in die zweite LM von der Häkelnadel aus. (6)
R 2: 2 FM in jede M, in den letzten 2 Schlingen der letzten M zu **Weiß 1365** wechseln.
R 3: (7 LM, KM in die nächste M) wdh, abketten.

Stiel befestigen
- Mit einer Nadel eine Masche an der Rückseite der Blume lockern. (Siehe Fotos unten)
- Pfeifenreiniger durch die M ziehen
- Pfeifenreiniger umfalten.
- Pfeifenreiniger zusammen drehen.

Blumen in den Korb legen.

Körper
Nach der Grundanleitung für den Körper arbeiten.
R 1- 10: Farbe 978 Sonnenblume
R 11-12: Farbe 947 Schokolade
R 13-14: Farbe 978 Sonnenblume
R 15-16: Farbe 947 Schokolade
R 17-18: Farbe 978 Sonnenblume
R 19-20: Farbe 947 Schokolade
R 21-22: Farbe 978 Sonnenblume

Kopf
Nach der Grundanleitung für den Kopf in Farbe 978 Sonnenblume arbeiten. Kopf an den Körper nähen.

Fuß und Bein
2 mal nach der Grundanleitung für Fuß und Bein arbeiten.
R 1- 21: Farbe 947 Schokolade
R 22-40: Farbe 978 Sonnenblume
Beine bei R 1-4 an den Körper annähen.

Arm
2 mal nach der Grundanleitung für den Arm in Farbe 978 Sonnenblume arbeiten. Arme bei R 21 an den Körper nähen.

Fühler
Linker Fühler
Mit **Schokolade 947**, 11 LM, 6 FM in die zweite LM von der Häkelnadel aus, KM in die nächsten 9 LM, langen Faden zum Annähen lassen, abketten.

Rechter Fühler
Mit **Schokolade 947**, 2 LM, 6 FM in die zweite LM von der Häkelnadel aus, 10 LM, KM in die zweite LM von der Häkelnadel aus, KM in die nächsten 8 LM, KM in die erste M, abketten. Fadenende verstecken: Faden in die Nadel einfädeln und unter die Maschen einweben. Faden durchziehen.

Fühler bei R 4 am Kopf annähen.

Flügel
4 mal. In Reihen arbeiten.
Reihe 1: Mit **Weiß 1365**, 4 LM, 2 FM in die zweite LM von der Häkelnadel aus,

FM in die nächste LM, 2 FM in die nächste LM, wenden. (5)
Reihe 2: 1 LM, FM in jede M, wenden. (5)
Reihe 3: 1 LM, 2 FM in die erste M, FM in die nächsten 3 M, 2 FM in die nächste M, wenden. (7)
Reihe 4-5: 1 LM, FM in jede M, wenden. (7)
Reihe 6: 1 LM, mit FM die ersten 2 M zus, FM in die nächsten 3 M, mit FM die nächsten 2 M zus, wenden. (5)
Reihe 7-8: 1 LM, FM in jede M, wenden. (5)
Reihe 9: 1 LM, mit FM die ersten 2 M zus, FM in die nächste M, mit FM die nächsten 2 M zus, wenden. (3)
Reihe 10: 1 LM, FM in jede M, wenden. (3)
Reihe 11: 1 LM, mit FM die ersten 2 M zus, FM in die nächste M, wenden. (2)
Reihe 12: 1 LM, mit FM 2 M zus, nicht abketten. (1)

KM rund um den Rand vom Flügel arbeiten, siehe Fotos unten.

Flügel bei R 15-16 am Körper annähen, siehe Fotos.

Fertigstellen
Mit Stecknadeln die Mundlinie markieren und mit **Schwarz** aufsticken, siehe Fotos unten.

Verliebte Teufel

Material
- Mitteldickes Garn, wie z.B. Robin DK = 300 m / 100 g, mit Nadelstärke 4: 24 M x 32 R = 10 cm (Rot = 130 g, Rosa = 140 g und Schwarz = 10 g);
- Häkelnadel Nr. 5;
- Schwarzes Stickgarn oder schwarze Wolle zum Aufsticken von Mund und Wimpern;
- Sticknadel;
- Stecknadeln;
- 2 Paar Sicherheitsaugen mit 12 mm Durchmesser (für 2 Puppen);
- Polyester-Füllwatte = 380 g (für 2 Puppen);
- 4 Stück Eisendraht von jeweils 15 cm Länge;
- 2 Herzknöpfe (ca. 2 cm) zur Dekoration.

Anmerkungen
- Dieses Projekt wird in fortlaufenden Runden gearbeitet, nicht verbinden oder wenden, es sei denn, es ist anders angegeben. Erste Masche jeder Runde markieren.
- Es wird mit 2 Fäden auf einmal gehäkelt.

Rote Teufel

Alle Körperteile in Rot, die Hörner in Schwarz arbeiten.

Kopf

Nach der Grundanleitung für den Kopf in Rot arbeiten.

Körper

Nach der Grundanleitung für den Körper in Rot arbeiten. Kopf an den Körper nähen.

Arm

2 mal nach der Grundanleitung für den Arm in Rot arbeiten. Arme bei R 21 an den Körper nähen.

Fuß und Bein

2 mal nach der Grundanleitung für Fuß und Bein in Rot arbeiten. Beine bei R 1-4 an den Körper nähen.

Schwanz

Teil I

Mit 2 Fäden in **Rot** und Häkelnadel Nr. 5, 40 LM, KM in die zweite LM von der Häkelnadel aus, KM in jede M, langen Faden zum Annähen lassen, abketten.

Teil II: 2 mal. In Reihen arbeiten.
Reihe 1: Mit 2 Fäden in **Rot** und Häkelnadel Nr. 5, 2 LM, FM in die zweite LM von der Häkelnadel aus, wenden. (1)
Reihe 2: 1 LM, 3 FM in die erste M, wenden. (3)
Reihe 3: 1 LM, 2 FM in die erste M, FM in die nächste M, 2 FM in die nächste M, wenden. (5)
Reihe 4: 1 LM, 2 FM in die erste M, FM in die nächsten 3 M, 2 FM in die nächste M, wenden. (7)
Reihe 5: Erste M überspringen, 5 Stb in die nächste M, nächste M überspringen, KM in die nächste M, nächste M überspringen, 5 Stb in die nächste M, KM in die nächste M, langen Faden zum Annähen lassen, abketten.

Die beiden Teile II zusammen nähen, dann Teil I oben in die Mitte von Teil II nähen.

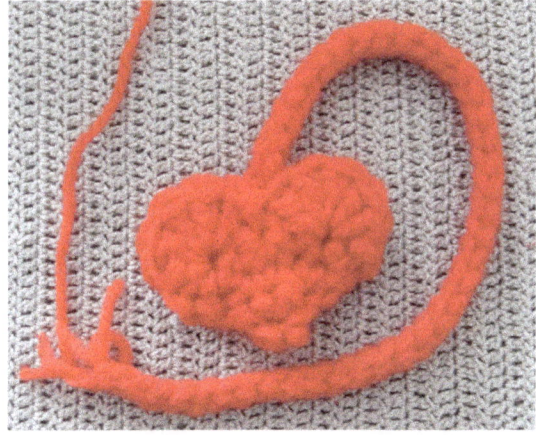

Schwanz bei R 7 an den Körper nähen

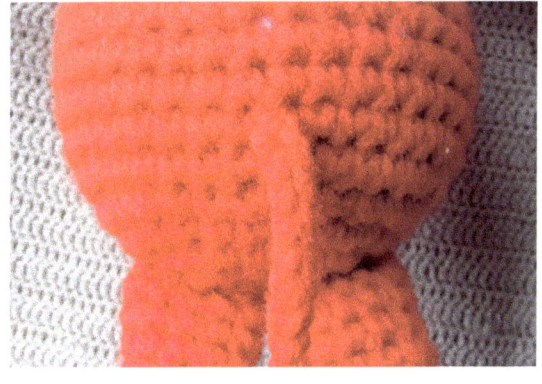

Horn
2 mal.

R 1: Mit 2 Fäden in **Schwarz** und Häkelnadel Nr. 5, 2 LM, 4 FM in die zweite LM von der Häkelnadel aus. (4)
R 2: (2 FM in die nächste M, FM in die nächste M) 2 mal. (6)
R 3: FM in jede M.
R 4: (2 FM in die nächste M, FM in die nächsten 2 M) 2 mal. (8)
R 5: FM in jede M.
R 6: (2 FM in die nächste M, FM in die nächsten 3 M) 2 mal. (10)
R 7: FM in jede M.
R 8: (2 FM in die nächste M, FM in die nächsten 4 M) 2 mal. (12)
R 9: FM in jede M.
R 10: (2 FM in die nächste M, FM in die nächsten 5 M) 2 mal. (14)
R 11: FM in jede M.
R 12: (2 FM in die nächste M, FM in die nächsten 6 M) 2 mal. (16)
R 13: FM in jede M, mit KM in die nächste M verbinden, langen Faden zum Annähen lassen, abketten. (16)

Fertigstellen
Mit Stecknadeln die Punkte für die Hörner am Kopf markieren (zwischen R 5-6 und zwischen R 10-11 am Kopf).

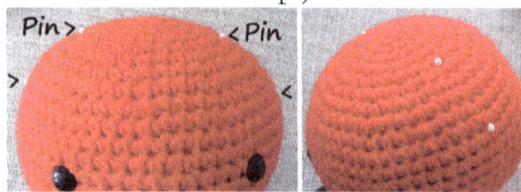

Eisendraht durch die M von R 8 stecken, in der Mitte falten und beide Hälften miteinander verdrehen. Drahtende umbiegen.

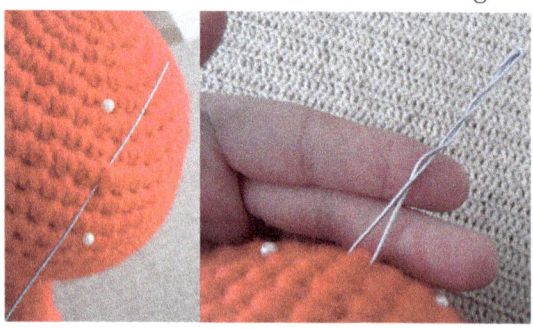

Horn über den Draht setzen, am Kopf annähen, vor dem endgültigen Schließen der Naht das Horn noch ausstopfen. Hörner in Form biegen.

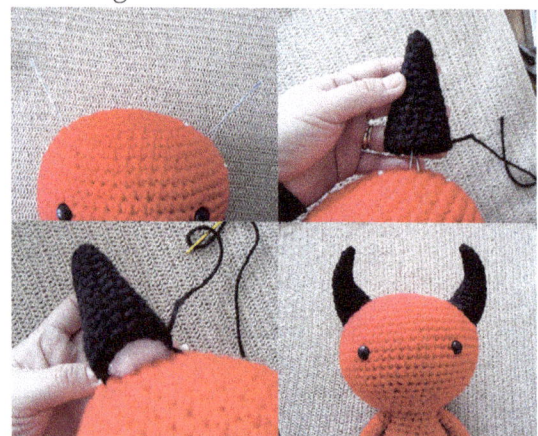

Mit **schwarzem** Stickgarn den Mund aufsticken. Herzknopf auf die Brust nähen.

Rosa Teufel

Die Körperteile des rosa Teufels sind alle in **Rosa**. Mit **schwarzem** Stickgarn die Wimpern aufsticken.

Hexen

Anmerkungen
- Dieses Modell wird in fortlaufenden Runden gearbeitet, nicht verbinden oder wenden, es sei denn, es ist anders angegeben. Erste Masche jeder Runde markieren.
- Mit 2 Fäden gleichzeitig häkeln.

Hut
R 1: Mit 2 Fäden in **Schwarz 044**, 2 LM, 6 FM in die zweite LM von der Häkelnadel aus. (6)
R 2: FM in jede M. (6)
R 3: (2 FM in die nächste M, FM in die nächste M) wdh. (9)
R 4: FM in jede M. (9)
R 5: (2 FM in die nächste M, FM in die nächsten 2 M) wdh. (12)
R 6: FM in jede M. (12)
R 7: (2 FM in die nächste M, FM in die nächsten 3 M) wdh. (15)
R 8: FM in jede M. (15)
R 9: (2 FM in die nächste M, FM in die nächsten 4 M) wdh. (18)
R 10: FM in jede M. (18)
R 11: (2 FM in die nächste M, FM in die nächsten 5 M) wdh. (21)
R 12: FM in jede M. (21)
R 13: (2 FM in die nächste M, FM in die nächsten 6 M) wdh. (24)
R 14: FM in jede M. (24)
R 15: (2 FM in die nächste M, FM in die nächsten 7 M) wdh. (27)
R 16: FM in jede M. (27)
R 17: (2 FM in die nächste M, FM in die nächsten 8 M) wdh. (30)
R 18: FM in jede M. (30)
R 19: (2 FM in die nächste M, FM in die nächsten 9 M) wdh. (33)
R 20: FM in jede M. (33)
R 21: (2 FM in die nächste M, FM in die nächsten 10 M) wdh. (36)
R 22: FM in jede M. (36)
R 23: (2 FM in die nächste M, FM in die nächsten 11 M) wdh. (39)
R 24: FM in jede M. (39)
R 25: (2 FM in die nächste M, FM in die nächsten 12 M) wdh. (42)
R 26: FM in jede M. (42)
R 27: (2 FM in die nächste M, FM in die nächsten 13 M) wdh. (45)
R 28: FM in jede M. (45)
R 29: (2 FM in die nächste M, FM in die nächsten 14 M) wdh. (48)
R 30: FM in jede M. (48)
R 31: (2 FM in die nächste M, FM in die nächsten 15 M) wdh. (51)
R 32: FM in jede M. (51)
R 33: (2 FM in die nächste M, FM in die nächsten 16 M) wdh. (54)
R 34: FM in jede M. (54)
R 35: (2 FM in die nächste M, FM in die nächsten 17 M) wdh. (57)
R 36: FM in jede M. (57)
R 37: (2 FM in die nächste M, FM in die nächsten 18 M) wdh. (60)
R 38: FM in jede M. (60)
R 39: (2 FM in die nächste M, FM in die nächsten 19 M) wdh. (63)
R 40: (2 FM in die nächste M, FM in die nächsten 20 M) wdh. (66)
R 41: <u>Nur in die vorderen Schlingen arbeiten</u>. (2 FM in die nächste M, FM in die nächsten 2 M) wdh. (88)
R 42: FM in jede M. (88)
R 43: (2 FM in die nächste M, FM in die nächsten 7 M) wdh. (99)
R 44: FM in jede M. (99)
R 45: (2 FM in die nächste M, FM in die nächsten 10 M) wdh, KM in die erste M, abketten. (108)

Gelbe Hexe

Material

- Mitteldickes Garn, z.B. Robin DK Schwarz 044 = 105 g, Crème 041 = 55 g, Orange (Jaffa 063) = 15 g, Gelb (Sonnenblume 075) = 20 g;
- Häkelnadel Nr. 5;
- Rotes Stickgarn oder rote Wolle, um den Mund aufzusticken;
- Ein Paar 12 mm Sicherheitsaugen;
- Sticknadel;
- Stecknadeln;
- Polyester-Füllwatte = 200 g;
- Maschenmarkierer.

Anmerkungen

- Dieses Modell wird in fortlaufenden Runden gearbeitet, nicht verbinden oder wenden, es sei denn, es ist anders angegeben. Erste Masche jeder Runde markieren.
- Mit 2 Fäden gleichzeitig häkeln.

Kopf

Nach der Grundanleitung für den Kopf in Crème arbeiten. Mit **rotem** Stickgarn den Mund aufsticken.

Körper

R 1: Mit 2 Fäden in **Schwarz 044**, 2 LM, 6 FM in die zweite LM von der Häkelnadel aus. (6)
R 2: 2 FM in jede M. (12)
R 3: (2 FM in die nächste M, FM in die nächste M) wdh. (18)
R 4: (FM in die nächsten 2 M, 2 FM in die nächste M) wdh. (24)
R 5: (FM in die nächsten 3 M, 2 FM in die nächste M) wdh. (30)
R 6: FM in die nächsten 2 M, 2 FM in die nächste M, (FM in die nächsten 4 M, 2 FM in die nächste M) 5 mal, FM in die nächsten 2 M. (36)
R 7-10: FM in jede M.
R 11: (mit FM die nächsten 2 M zus, FM in die nächsten 10 M) wdh. (33)
R 12: FM in jede M.
R 13: (mit FM die nächsten 2 M zus, FM in die nächsten 9 M) wdh. (30)
R 14: FM in jede M. (30)
R 15: FM in die nächsten 4 M, mit FM die nächsten 2 M zus, (FM in die nächsten 8 M, mit FM die nächsten 2 M zus) 2 mal, FM in die nächsten 4 M. (27)
R 16: FM in jede M, in den letzten 2 Schlingen der letzten M zu Gelb (Sonnenblume 075) wechseln.
R 17: <u>Nur in die hinteren Maschenglieder arbeiten.</u> (mit FM die nächsten 2 M zus, FM in die nächsten 7 M) wdh. (24)
R 18: FM in jede M.
R 19: FM in die nächsten 3 M, mit FM die nächsten 2 M zus, (FM in die nächsten 6 M, mit FM die nächsten 2 M zus) 2 mal, FM in die nächsten 3 M. (21)
R 20: FM in jede M.
R 21: (mit FM die nächsten 2 M zus, FM in die nächsten 5 M) wdh. (18)
R 22: FM in jede M, KM in die erste M, langen Faden zum Annähen lassen, abketten.

Rock

R 1: In die freien Schlingen von Runde 16 arbeiten, mit 2 Fäden in **Schwarz 044**, mit KM verbinden, 1 LM, FM in die selbe M, (2 LM, die nächsten 2 M überspringen, FM in die nächste M) 8 mal, 2 LM, die nächsten 2 M überspringen. (9 M, 18 LM)

R 2: 2 FM in die nächste M, (2 LM, die nächsten 2 LM überspringen, 2 FM in die nächste M) 8 mal, 2 LM, die nächsten 2 LM überspringen. (18 M, 18 LM)
R 3-5: FM in die nächsten 2 M, (2 LM, die nächsten 2 LM überspringen, FM in die nächsten 2 M) 8 mal, 2 LM, die nächsten 2 LM überspringen. (18 M, 18 LM)
R 6: 2 FM in die nächste M, FM in die nächste M (2 LM, die nächsten 2 LM überspringen, 2 FM in die nächste M, FM in die nächste M) 8 mal, 2 LM, die nächsten 2 LM überspringen. (27 M, 18 LM)
R 7-10: FM in die nächsten 3 M, (2 LM, die nächsten 2 LM überspringen, FM in die nächsten 3 M) 8 mal, 2 LM, die nächsten 2 LM überspringen. (27 M, 18 LM)
R 11: FM in die nächsten 2 M, 2 FM in die nächste M (2 LM, die nächsten 2 LM überspringen, FM in die nächsten 2 M, 2 FM in die nächste M) 8 mal, 2 LM, die nächsten 2 LM überspringen. (36 M, 18 LM)
R 12-18: FM in die nächsten 4 M, (2 LM, die nächsten 2 LM überspringen, FM in die nächsten 4 M) 8 mal, 2 LM, die nächsten 2 LM überspringen. (36 M, 18 LM)
R 19: FM in die nächsten 4 M, (2 LM, die nächsten 2 LM überspringen, FM in die nächsten 4 M) 8 mal, 2 LM, die nächsten 2 LM überspringen, KM in die erste M, abketten. Den Körper ausstopfen. (36 M, 18 LM)

Körper an den Kopf nähen.

Fuß und Bein
2 mal nach der Grundanleitung für Fuß und Bein arbeiten:
R 1- 21: Schwarz
R 22-23: Gelb
R 24- 25: Schwarz
R 26-27: Gelb
R 28- 29: Schwarz
R 30-31: Gelb
R 32- 33: Schwarz
R 34-35: Gelb
R 36- 37: Schwarz
R 38-40: Gelb
Beine bei R 1-4 an den Körper nähen.

Arm
2 mal nach der Grundanleitung für den Arm in Crème arbeiten. Arme bei R 21 an den Körper nähen.

Hut
Nach der Anleitung für den Hexenhut auf Seite 49 in Schwarz arbeiten.

Haar
66 Fäden in **Orange** (Jaffa 063) schneiden, je 45 cm lang.

Je 1 Faden nehmen, in der Mitte zusammen legen. Mit der Innenseite des Huts auf sich gerichtet, die Häkelnadel in die freien Schlingen von R 40 einstechen, das zusammengelegte Ende des Fadens durch die Masche ziehen und die losen Enden durch das gefaltete Ende ziehen, Knoten fest anziehen. Das Garn rund um den Hut anbringen

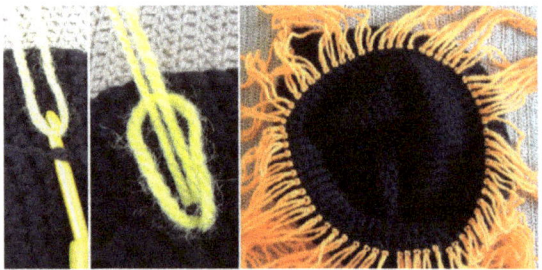

Fertigstellen
Den Hut an den Kopf nähen. Etwas mehr Haar auf eine Seite nehmen, mit einer Sticknadel und **schwarzem** Garn das Haar über dem Auge mit einem geraden Stich zusammen halten und annähen. Die Haare gleichmäßig zurecht schneiden.

Schwarze Hexe

Material

- Mitteldickes Garn, z.B. Robin DK Schwarz 044 = 105 g, Crème 041 = 50 g, Orange (Jaffa 063) = 15 g, Gelb (Sonnenblume 075) = 15g;
- Häkelnadel Nr. 5;
- Rotes Stickgarn oder rote Wolle, um den Mund aufzusticken;
- Ein Paar 12 mm Sicherheitsaugen;
- Sticknadel;
- Stecknadeln;
- Polyester-Füllwatte = 200 g;
- Maschenmarkierer.

Anmerkungen

- Dieses Modell wird in fortlaufenden Runden gearbeitet, nicht verbinden oder wenden, es sei denn, es ist anders angegeben. Erste Masche jeder Runde markieren.
- Mit 2 Fäden gleichzeitig häkeln.

Kopf

Nach der Grundanleitung für den Kopf in Crème arbeiten. Mit rotem Stickgarn den Mund aufsticken.

Körper

R 1: Mit 2 Fäden in **Schwarz 044**, 2 LM, 6 FM in die zweite LM von der Häkelnadel aus. (6)
R 2: 2 FM in jede M. (12)
R 3: (2 FM in die nächste M, FM in die nächste M) wdh. (18)
R 4: (FM in die nächsten 2 M, 2 FM in die nächste M) wdh. (24)
R 5: (FM in die nächsten 3 M, 2 FM in die nächste M) wdh. (30)
R 6: FM in die nächsten 2 M, 2 FM in die nächste M, (FM in die nächsten 4 M, 2 FM in die nächste M) 5 mal, FM in die nächsten 2 M. (36)

R 7-10: FM in jede M.
R 11: <u>Nur in die hinteren Maschenglieder arbeiten.</u> (mit FM die nächsten 2 M zus, FM in die nächsten 10 M) wdh. (33)
R 12: FM in jede M.
R 13: (mit FM die nächsten 2 M zus, FM in die nächsten 9 M) wdh. (30)
R 14: FM in jede M. (30)
R 15: FM in die nächsten 4 M, mit FM die nächsten 2 M zus, (FM in die nächsten 8 M, mit FM die nächsten 2 M zus) 2 mal, FM in die nächsten 4 M. (27)
R 16: FM in jede M.
R 17: (mit FM die nächsten 2 M zus, FM in die nächsten 7 M) wdh. (24)
R 18: FM in jede M.
R 19: FM in die nächsten 3 M, mit FM die nächsten 2 M zus, (FM in die nächsten 6 M, mit FM die nächsten 2 M zus) 2 mal, FM in die nächsten 3 M. (21)
R 20: FM in jede M.
R 21: (mit FM die nächsten 2 M zus, FM in die nächsten 5 M) wdh. (18)
R 22: FM in jede M, KM in die erste M, langen Faden zum Annähen lassen, abketten.

Rock

R 1: In die freien Schlingen von R 10 arbeiten, mit 2 Fäden in **Schwarz 044**, mit KM verbinden, 1 LM, FM in die selbe M, FM in die nächsten 10 M, 2 FM in die nächste M, (FM in die nächsten 11 M, 2 FM in die nächste M) 2 mal. (39)
R 2: FM in die nächsten 6 M, 2 FM in die nächste M, (FM in die nächsten 12 M, 2 FM in die nächste M) 2 mal, FM in die nächsten 6 M. (42)
R 3: (FM in die nächsten 13 M, 2 FM in die nächste M) wdh. (45)
R 4: FM in die nächsten 7 M, 2 FM in die nächste M, (FM in die nächsten 14 M, 2 FM in die nächste M) 2 mal, FM in die nächsten 7 M. (48)
R 5: (FM in die nächsten 15 M, 2 FM in die nächste M) wdh. (51)
R 6: FM in die nächsten 8 M, 2 FM in die nächste M, (FM in die nächsten 16 M, 2 FM in die nächste M) 2 mal, FM in die nächsten 8 M. (54) R 7: (FM in die nächsten 17 M, 2 FM in die nächste M) wdh. (57)
R 8: (FM in die nächsten 18 M, 2 FM in die nächste M) wdh. (60)
R 9: FM in jede M, abketten.
Körper ausstopfen und an den Kopf nähen.

Fuß und Bein

2 mal nach der Grundanleitung für Fuß und Bein arbeiten:
R 1- 21: Schwarz
R 22-23: Orange
R 24- 25: Schwarz
R 26-27: Orange
R 28- 29: Schwarz
R 30-31: Orange
R 32- 33: Schwarz
R 34-35: Orange
R 36- 37: Schwarz
R 38-40: Orange
Beine bei R 1-4 an den Körper annähen.

Arm
2 mal. Nur die Hand ausstopfen.
R 1: Mit 2 Fäden in **Crème 041**, 2 LM, 6 FM in die zweite LM von der Häkelnadel aus. (6)
R 2: 2 FM in jede M. (12)
R 3: (FM in die nächste M, 2 FM in die nächste M) wdh. (18)
R 4-6: FM in jede M.
R 7: (mit FM die nächsten 2 M zus, FM in die nächsten 4 M) wdh. (15)
R 8: (FM in die nächsten 3 M, mit FM die nächsten 2 M zus) wdh. (12)
R 9: (mit FM die nächsten 2 M zus, FM in die nächsten 2 M) wdh, in den letzten 2 Schlingen der letzten M zu Schwarz 044 wechseln. Hand ausstopfen. (9)
R 10: <u>Nur in die hinteren Maschenglieder arbeiten.</u> FM in jede M.
R 11-26: FM in jede M.
R 27: FM in jede M, mit KM in die erste M verbinden. Langen Faden zum Vernähen lassen, abketten.

Ärmelrand
R 1: In die freien Schlingen von R 9 arbeiten, mit 2 Fäden in **Orange (Jaffa 063)**, mit KM verbinden, 1 LM, FM in die selbe M, (3 LM, FM in die nächste M) wdh, abketten. Arme bei R 21 an den Körper nähen.

Hut
Einmal nach der Grundanleitung Hut arbeiten.

Haar
- 55 Fäden in **Gelb** (Sonnenblume 075) abschneiden, je 45 cm lang.
- 11 Fäden in **Orange** (Jaffa 063) abschneiden, je 45 cm lang.

Je 1 Faden in **Gelb** nehmen, in der Mitte zusammenlegen. Mit der Innenseite des Hutes auf sich gerichtet, die Häkelnadel in die freien Schlingen von R 40 einstechen, das zusammengelegte Ende durch die M ziehen und die losen Enden durch das zusammengelegte Ende ziehen, Knoten fest anziehen. Garn in die nächsten 4 freien Schlingen einfügen, dann **oranges** Garn in die nächste freie Schlinge. Nach dem Schema: "gelbes Garn in die nächsten 5 freien Schlingen und dann oranges Garn in die nächste freie Schlinge" rundherum arbeiten.

Fertigstellen
Hut auf den Kopf nähen. Die Haare in offene oder geflochtene Zöpfe frisieren.

Grüne Hexe

Material

- Mitteldickes Garn, z.B. Robin DK: Schwarz 044 = 100 g, Crème 041 = 55 g, Grün (Cordial 162) = 35 g;
- Mitteldickes Garn, z.B. Cygnet Pato DK Rosa 912 = 25 g;
- Häkelnadel Nr. 5;
- Rotes Stickgarn oder rote Wolle, um den Mund aufzusticken;
- Ein Paar 12 mm Sicherheitsaugen;
- Sticknadel;
- Stecknadeln;
- Polyester-Füllwatte = 200 g;
- Maschenmarkierer.

Anmerkungen

- Dieses Modell wird in fortlaufenden Runden gearbeitet, nicht verbinden oder wenden, es sei denn, es ist anders angegeben. Erste Masche jeder Runde markieren.
- Mit 2 Fäden gleichzeitig häkeln.

Kopf

Nach der Grundanleitung für den Kopf in Crème arbeiten. Mit rotem Stickgarn den Mund aufsticken.

Körper

R 1: Mit 2 Fäden in **Schwarz 044**, 2 LM, 6 FM in die zweite LM von der Häkelnadel aus. (6)
R 2: 2 FM in jede M. (12)
R 3: (2 FM in die nächste M, FM in die nächste M) wdh. (18)
R 4: (FM in die nächsten 2 M, 2 FM in die nächste M) wdh. (24)
R 5: (FM in die nächsten 3 M, 2 FM in die nächste M) wdh. (30)

R 6: FM in die nächsten 2 M, 2 FM in die nächste M, (FM in die nächsten 4 M, 2 FM in die nächste M) 5 mal, FM in die nächsten 2 M. (36)
R 7-8: FM in jede M.
R 9: FM in jede M, in den letzten 2 Schlingen der letzten M zu Grün (Cordial 162) wechseln.
R 10: <u>Nur in die hinteren Maschenglieder arbeiten.</u> FM in jede M.
R 11: <u>Nur in die hinteren Maschenglieder arbeiten.</u> (mit FM die nächsten 2 M zus, FM in die nächsten 10 M) wdh. (33)
R 12: FM in jede M.
R 13: (mit FM die nächsten 2 M zus, FM in die nächsten 9 M) wdh. (30)
R 14: FM in jede M. (30)
R 15: FM in die nächsten 4 M, mit FM die nächsten 2 M zus, (FM in die nächsten 8 M, mit FM die nächsten 2 M zus) 2 mal, FM in die nächsten 4 M. (27)
R 16: FM in jede M.
R 17: (mit FM die nächsten 2 M zus, FM in die nächsten 7 M) wdh. (24)
R 18: FM in jede M.
R 19: FM in die nächsten 3 M, mit FM die nächsten 2 M zus, (FM in die nächsten 6 M, mit FM die nächsten 2 M zus) 2 mal, FM in die nächsten 3 M. (21)
R 20: FM in jede M.
R 21: (mit FM die nächsten 2 M zus, FM in die nächsten 5 M) wdh. (18)
R 22: FM in jede M, KM in die erste M, langen Faden zum Annähen lassen, abketten. Den Körper ausstopfen und an den Kopf nähen.

Shorts

R 1: Mit 2 Fäden in **Schwarz 044**, 36 LM, mit KM in die erste LM zum Ring schließen, 1 LM, FM in jede M. (36)
R 2-10: FM in jede M. (36)
R 11: Erstes Bein beginnen; FM in die nächste 9 M, 18 M überspringen, FM in die nächsten 9 M. (18)

Shorts nach Beendigung R 11:

R 12: FM in jede M. (18)
R 13: FM in jede M, mit KM in die erste M verbinden, abketten. (18)

R 11: Zweites Bein beginnen; Mit 2 Fäden in **Schwarz 044**, mit KM an die nächste freie M von R 10 verbinden, FM in die nächsten 18 M. (18)

R 12: FM in jede M. (18)
R 13: FM in jede M, mit KM in die erste M verbinden, abketten. (18)

Fuß und Bein

2 mal nach der Grundanleitung für Fuß und Bein arbeiten:

R 1- 21: Schwarz
R 22-23: Grün
R 24- 25: Schwarz
R 26-27: Grün
R 28- 29: Schwarz
R 30-31: Grün
R 32- 33: Schwarz
R 34-35: Grün
R 36- 37: Schwarz
R 38-40: Grün

Beine in die Shorts stecken, Beine bei R 1-4 an den Körper nähen.

Den oberen Rand der Shorts an die freien Schlingen von R 9 an den Körper nähen

T-Shirt-Saum

R 1: In die freien Schlingen von R 10 vom Körper arbeiten, mit 2 Fäden in **Grün (Cordial 162)**, mit KM verbinden, 1 LM, FM in die selbe M, FM in jede M. (36)

R 2: FM in jede M.
R 3: (3 LM, FM in die nächste M) wdh, abketten.

Arm

2 mal. Nur die Hand ausstopfen.

R 1: Mit 2 Fäden in **Crème 041**, 2 LM, 6 FM in die zweite LM von der Häkelnadel aus. (6)
R 2: 2 FM in jede M. (12)
R 3: (FM in die nächste M, 2 FM in die nächste M) wdh. (18)
R 4-6: FM in jede M.
R 7: (mit FM die nächsten 2 M zus, FM in die nächsten 4 M) wdh. (15)
R 8: (FM in die nächsten 3 M, mit FM die nächsten 2 M zus) wdh. (12)
R 9: (FM in die nächsten 2 M, mit FM die nächsten 2 M zus) wdh. Hand ausstopfen. (9)
R 10-21: FM in jede M.
R 22: FM in jede M, in den letzten 2 Schlingen der letzten M zu Grün (Cordial 162) wechseln.
R 23-26: FM in jede M.
R 27: FM in jede M, mit KM in die erste M verbinden. Langen Faden zum Vernähen lassen, abketten. Arme bei R 21 an den Körper nähen.

Hut

Einmal nach der Grundanleitung Hut auf Seite 49 arbeiten.

Haar

In die freien Schlingen von R 40 des Huts arbeiten, mit 2 Fäden in **Rosa 912**, mit KM verbinden, 1 LM, FM in die selbe M, (10 LM, FM in die nächste M) 18 mal, (20 LM, FM in die nächste M) wdh, abketten.

Fertigstellen

Mit einem Faden die Mitte der kurzen Haare markieren, mit einer Stecknadel die Mitte des Gesichts markieren und den Hut wie auf dem Bild zu sehen an den Kopf annähen.

Weihnachtspuppen

Anmerkungen
- Dieses Modell wird in fortlaufenden Runden gearbeitet, nicht verbinden oder wenden, es sei denn, es ist so angegeben. Erste Masche jeder Runde markieren.
- Mit 2 Fäden gleichzeitig häkeln.

Mütze

R 1: Mit 2 Fäden in **Rot,** 2 LM, 6 FM in die zweite LM von der Häkelnadel aus. (6)
R 2: FM in jede M. (6)
R 3: (2 FM in die nächste M, FM in die nächste M) wdh. (9)
R 4: FM in jede M. (9)
R 5: (2 FM in die nächste M, FM in die nächsten 2 M) wdh. (12)
R 6: FM in jede M. (12)
R 7: (2 FM in die nächste M, FM in die nächsten 3 M) wdh. (15)
R 8: FM in jede M. (15)
R 9: (2 FM in die nächste M, FM in die nächsten 4 M) wdh. (18)
R 10: FM in jede M. (18)
R 11: (2 FM in die nächste M, FM in die nächsten 5 M) wdh. (21)
R 12: FM in jede M. (21)
R 13: (2 FM in die nächste M, FM in die nächsten 6 M) wdh. (24)
R 14: FM in jede M. (24)
R 15: (2 FM in die nächste M, FM in die nächsten 7 M) wdh. (27)
R 16: FM in jede M. (27)
R 17: (2 FM in die nächste M, FM in die nächsten 8 M) wdh. (30)
R 18: FM in jede M. (30)
R 19: (2 FM in die nächste M, FM in die nächsten 9 M) wdh. (33)
R 20: FM in jede M. (33)
R 21: (2 FM in die nächste M, FM in die nächsten 10 M) wdh. (36)
R 22: FM in jede M. (36)
R 23: (2 FM in die nächste M, FM in die nächsten 11 M) wdh. (39)
R 24: FM in jede M. (39)
R 25: (2 FM in die nächste M, FM in die nächsten 12 M) wdh. (42)
R 26: FM in jede M. (42)
R 27: (2 FM in die nächste M, FM in die nächsten 13 M) wdh. (45)
R 28: FM in jede M. (45)
R 29: (2 FM in die nächste M, FM in die nächsten 14 M) wdh. (48)
R 30: FM in jede M. (48)
R 31: (2 FM in die nächste M, FM in die nächsten 15 M) wdh. (51)
R 32: FM in jede M. (51)
R 33: (2 FM in die nächste M, FM in die nächsten 16 M) wdh. (54)
R 34: FM in jede M. (54)
R 35: (2 FM in die nächste M, FM in die nächsten 17 M) wdh. (57)
R 36: FM in jede M. (57)
R 37: (2 FM in die nächste M, FM in die nächsten 18 M) wdh. (60)
R 38: FM in jede M. (60)
R 39: (2 FM in die nächste M, FM in die nächsten 19 M) wdh. (63)
R 40: (2 FM in die nächste M, FM in die nächsten 20 M) wdh, mit KM in die erste M verbinden, abketten. (66)

Mützensaum
Nur in die rückwärtigen Schlingen arbeiten.
Reihe 1: Mit 2 Fäden in **Weiß**, 7 LM, FM in die zweite LM von der Häkelnadel aus, FM in jede LM, wenden. (6)
Reihe 2-66: 1 LM, FM in jede M, wenden. (6)
Reihe 67: 1 LM, FM in jede M, langen Faden zum Annähen lassen, abketten. (6)

Reihe 1 und Reihe 67 zu einem Kreis zusammen nähen. Den Saum bei R 40 an die Mütze nähen.

Pompom
2 Fäden in **Weiß**, etwa 50 mal um 2 Finger wickeln, die Schlingen von den Fingern gleiten lassen; einen zusätzlichen Faden um die Mitte der Schlingen wickeln und fest knoten. Schlingen aufschneiden und zurecht schneiden; oben an der Mütze fest nähen.

Weihnachtsmann

Material
- Mitteldickes Garn (Herstellerempfehlung 12 – 17 M mit Häkelnadel 4,5 bis 5,5 = 10 cm) z.B. Robin DK (Rot = 110 g, Schwarz = 40 g und Weiß = 60 g), Bonus DK Beige 842 = 35 g;
- Häkelnadel Nr. 5;
- DMC Baumwolle Perlgarn Stärke 3 (115/3): Farbe Braun 780 = 1 Strang;
- Sicherheitsaugen 12 mm;
- Sticknadel;
- Stecknadeln;
Polyester-Füllwatte = 170 g.

Anmerkungen
- Dieses Modell wird in fortlaufenden Runden gearbeitet, nicht verbinden oder wenden, es sei denn, es ist so angegeben. Erste Masche jeder Runde markieren
- Mit 2 Fäden gleichzeitig häkeln.

Kopf
Nach der Grundanleitung für den Kopf in Beige arbeiten.

Körper
Nach der Grundanleitung für den Körper in Rot arbeiten. Körper an den Kopf annähen.

Fuß und Bein
2 mal nach der Grundanleitung für Fuß und Bein arbeiten.
R 1- 24: Schwarz
R 25-40: Rot
Beine bei R 1-4 an den Körper nähen.

Arm
2 mal nach der Grundanleitung für den Arm arbeiten:
R 1- 9: Weiß.
R 10-27: Rot
Arme bei R 21 an den Körper nähen.

Mütze
Nach der Grundanleitung für die Weihnachtsmütze in Rot arbeiten, Mützensaum und Pompom in Weiß.

Gürtel
Mit 2 Fäden in **Schwarz**, 40 LM, FM in die zweite LM von der Häkelnadel aus, FM in jede LM. Langen Faden zum Annähen lassen, abketten.
Gürtel bei R 9 an den Körper nähen. Mit DMC Perlgarn in **Braun** eine Gürtelschnalle über den Gürtel sticken.

Bart
Schlingenstich (S); Garn im Uhrzeigersinn einmal um einen Finger wickeln, Häkelnadel in die nächste M und durch die Schlinge auf dem Finger einstechen, Schlinge durch die Masche ziehen, Faden über die Häkelnadel legen, durch beide Schlingen auf der Häkelnadel ziehen.

Teil 1 In Reihen arbeiten.
Mit 2 Fäden in **Weiß**.
Reihe 1: 55 LM, S in die zweite LM von der Häkelnadel aus, S in alle M, wenden. (54)
Reihe 2: 1 LM, FM in jede M, wenden.
Reihe 3: 1 LM, S in alle M, wenden.
Reihe 4: 1 LM, FM in jede M, wenden.
Reihe 5: 1 LM, S in alle M, langen Faden zum Annähen lassen, abketten.

Teil 2 In Reihen arbeiten.
Mit 2 Fäden in **Weiß**.
Reihe 1: 2 LM, 3 FM in die zweite LM von der Häkelnadel aus, wenden. (3)
Reihe 2: 1 LM, S in alle M, wenden. (3)
Reihe 3: 1 LM, 2 FM in jede M, wenden. (6)
Reihe 4: 1 LM, S in alle M, wenden. (6)
Reihe 5: 1 LM, 2 FM in jede M, wenden. (12)
Reihe 6: 1 LM, S in alle M, wenden. (12)
Reihe 7: 1 LM, 2 FM in die erste M, FM in die nächsten 10 M, 2 FM in die letzte M, wenden. (14)
Reihe 8: 1 LM, S in alle M. Langen Faden zum Annähen lassen, abketten. (14)

Reihe 8 von Teil 2 bei Reihe 1 in die Mitte von Teil 1 annähen:

Bart bei R 16 am Kopf feststecken und annähen:

Schnurrbart
12 LM, KM in die zweite LM von der Häkelnadel aus, FM in die nächste LM, hStb in die nächste LM, FM in die nächste LM, KM in die nächsten 3 LM, FM in die nächste LM, hStb in die nächste LM, FM in die nächste LM, KM in die nächste LM, langen Faden zum Annähen lassen, abketten. (11)

Fertigstellen

Schnurrbart bei R 14-15 am Kopf fest stecken und annähen. Mit einem Faden in **Rot** den Mund, wie im Foto, aufsticken. Mütze aufsetzen und an den Kopf nähen.

Schneemann

Material
- Mitteldickes Garn, (Herstellerempfehlung 12 – 17 M mit Häkelnadel 4,5 bis 5,5 = 10 cm) z.B. Robin DK (Weiß = 120 g und ein Rest Rot, um den Mund aufzusticken), Bonus DK Grün 916 = 20 g;
- Häkelnadel Nr. 5;
- Häkelnadel Nr. 3,25 zum Häkeln der Nase
- Baumwoll-Perlgarn DMC Stärke 3 (115/3): Farbe Orange 740 = 1 Strang
- Sticknadel
- Polyester-Füllwatte = 200 g
- 12 mm Sicherheitsaugen

Anmerkungen
- Dieses Modell wird in fortlaufenden Runden gearbeitet. Nicht verbinden oder wenden, es sei denn, es ist so angegeben. Erste Masche jeder Runde markieren.
- Mit zwei Fäden gleichzeitig häkeln.

Kopf
Nach der Grundanleitung für den Kopf in Weiß arbeiten.

Körper
Nach der Grundanleitung für den Körper in Weiß arbeiten. Körper an den Kopf annähen.

Fuß und Bein
2 mal nach der Grundanleitung für Fuß und Bein in Weiß arbeiten. Beine bei R 1-4 an den Körper nähen.

Arm
2 mal nach der Grundanleitung für den Arm in Weiß arbeiten. Arme bei R 21 an den Körper nähen.

Mütze
R 1: Mit 2 Fäden in **Grün** und Häkelnadel Nr. 5, 2 LM, 6 FM in die zweite LM von der Häkelnadel aus. (6)
R 2: 2 FM in jede M. (12)

R 3: (2 FM in die nächste M, FM in die nächste M) wdh. (18)
R 4: (FM in die nächsten 2 M, 2 FM in die nächste M) wdh. (24)
R 5: (FM in die nächsten 3 M, 2 FM in die nächste M) wdh. (30)
R 6: FM in die nächsten 2 M, 2 FM in die nächste M, (FM in die nächsten 4 M, 2 FM in die nächste M) 5 mal, FM in die nächsten 2 M. (36)
R 7: (FM in die nächsten 5 M, 2 FM in die nächste M) wdh. (42)
R 8: FM in die nächsten 3 M, 2 FM in die nächste M, (FM in die nächsten 6 M, 2 FM in die nächste M) 5 mal, FM in die nächsten 3 M. (48)
R 9: (FM in die nächsten 7 M, 2 FM in die nächste M) wdh. (54)
R 10: Nur in die hinteren Schlingen arbeiten. FM in jede M. (54)
R 11-19: FM in jede M.
R 20: Nur in die vorderen Schlingen arbeiten. (FM in die nächsten 2 M, 2 FM in die nächste M) wdh. (72)
R 21: (2 FM in die nächste M, FM in die nächsten 5 M) wdh. (84)
R 22: FM in jede M.
R 23: KM in die erste M, 1 LM, Krebsmasche in jede M, mit KM in die erste M verbinden, abketten.

Krebsmaschen werden von links nach rechts gearbeitet, Häkelnadel in die nächste M rechts einstechen und als FM fertig arbeiten.

Schal
Nur in die hinteren Schlingen arbeiten.
Reihe 1: Mit 2 Fäden in **Grün** und Häkelnadel Nr. 5, 90 LM, FM in die zweite LM von der Häkelnadel aus, FM in jede M, wenden. (89)
Reihe 2: 1 LM, FM in jede M, wenden.
Reihe 3: 1 LM, FM in jede M, abketten.

Nase
R 1: Mit Perlgarn in **Orange** und Häkelnadel Nr. 3,25, 2 LM, 4 FM in die zweite LM von der Häkelnadel aus. (4)
R 2: (2 FM in die nächste M, FM in die nächste M) 2 mal. (6)
R 3: FM in jede M.
R 4: (FM in die nächste M, 2 FM in die nächste M) wdh. (9)
R 5: FM in jede M
R 6: (FM in die nächsten 2 M, 2 FM in die nächste M) wdh. (12)
R 7: FM in jede M, mit KM in die erste M verbinden, langen Faden zum Annähen lassen, abketten.

Fertigstellen

Nase bei R 15-16 am Kopf festnähen. Ausstopfen, bevor die Naht vollständig geschlossen wird.

Mit **Rot** den Mund bei R 18, wie im Foto zu sehen, aufsticken.

Mütze aufsetzen und bei R 9 an den Kopf annähen, ausstopfen, bevor die Naht vollständig geschlossen wird.

Lebkuchenmann

Material

- Mitteldickes Garn, (Herstellerempfehlung 12 – 17 M mit Häkelnadel 4,5 bis 5,5 = 10 cm), z.B. Robin DK (Taupe = 120 g, Rot = 50 g und Weiß 30 g);
- Häkelnadel Nr. 5;
- Sticknadel;
- Polyester-Füllwatte = 170 g;
- Zwei schwarze Knöpfe (12 mm) als Augen;
- Drei Knöpfe (14 mm) zur Verzierung;
- Nähnadel und Nähgarn zum Befestigen der Knöpfe.

Anmerkungen

- Dieses Modell wird in fortlaufenden Runden gearbeitet. Nicht verbinden oder wenden, es sei denn, es ist so angegeben. Erste Masche jeder Runde markieren.
- Mit 2 Fäden gleichzeitig häkeln.

Kopf
Nach der Grundanleitung für den Kopf in Taupe arbeiten.

Körper
Nach der Grundanleitung für den Körper in Taupe arbeiten. Körper an den Kopf annähen.

Fuß und Bein
2 mal nach der Grundanleitung für Fuß und Bein in Taupe arbeiten. Beine bei R 1-4 an den Körper nähen.

Arm
2 mal nach der Grundanleitung für den Arm in Taupe arbeiten. Arme bei R 21 an den Körper nähen.

Mütze

Nach der Anleitung für die Weihnachtsmütze auf Seite 61 arbeiten.

R 1-2: Rot
R 3-4: Weiß
R 5-6: Rot
R 7-8: Weiß
R 9-10: Rot
R 11-12: Weiß
R 13-14: Rot
R 15-16: Weiß
R 17-18: Rot
R 19-20: Weiß
R 21-22: Rot
R 23-24: Weiß
R 25-26: Rot
R 27-28: Weiß
R 29-30: Rot
R 31-32: Weiß
R 33-34: Rot
R 35-36: Weiß
R 37-38: Rot
R 39-40: Weiß

Rand der Mütze in Rot, Pompom in Weiß arbeiten.

Schal

Nur in die hinteren Maschenglieder arbeiten.

Reihe 1: Mit 2 Fäden in **Rot** und Häkelnadel Nr. 5, 90 LM, FM in die zweite LM von der Häkelnadel aus, FM in jede M, wenden. (89)
Reihe 2: 1 LM, FM in jede M, wenden.
Reihe 3: 1 LM, FM in jede M, abketten.

Fertigstellen

Die drei 14 mm großen Knöpfe, wie auf dem Foto zu sehen, an den Körper nähen.

Die Augen mit 10 M Abstand bei R 13-14 an den Kopf nähen.

Mit einem Faden in **Rot** den Mund bei R 15-16 wie im Foto aufsticken.

Mütze aufsetzen und am Kopf fest nähen.

Garn verbinden

Faden in der freien Schlinge anfügen, 1 LM, FM in die selbe M.

	USA	UK	Deutsch m/ 100g	Empfohlene Häkelnadel Größe in mm
0 Lace	Lace weight	1 ply	600-800 (Spitze)	1,5 - 2,25 mm
1 Super fine	Fingering	2 ply	400-480 (Fingering)	2,25 - 3 mm
	Sock	3 ply	300-400 (Socken)	2,25 - 3,5 mm
2 Fine	Sport	4 ply	240-300 (Fein)	3,5 - 4,5 mm
3 Light	DK Light worsted	DK	200-240 (Leichtes Kammgarn)	4,5 - 5,5 mm
4 Medium	Worsted	Aran	160-120 (Mittel, Kammgarn Decke)	5,5 - 6,5 mm
5 Bulky	Bulky	Chunky	110-130 (Dick, flauschig)	6,5 - 9 mm
6 Super Bulky	Super Bulky	Super Chunky	<100 (Sehr kräftig, Faserstrang)	9 mm und größer

Garnstärken

Anleitung Erklärung
Zum besseren Verständnis der Anleitungen.

R 4: (FM in die nächsten 2 M, 2 FM in die nächste M) wdh. (24)
Zahl (24) am Ende der Runde = Anzahl der Maschen nach Fertigstellen der Runden.

R 5: (FM in die nächsten 3 M, 2 FM in die nächste M) wdh. (30)
Wiederhole (FM in die nächsten 3 M, 2 FM in die nächste M) bis zum Ende der Runde.
⇒ R 5: (FM in die nächsten 3 M, 2 FM in die nächste M), (FM in die nächsten 3 M, 2 FM in die nächste M), (FM in die nächsten 3 M, 2 FM in die nächste M), (FM in die nächsten 3 M, 2 FM in die nächste M), (FM in die nächsten 3 M, 2 FM in die nächste M), (FM in die nächsten 3 M, 2 FM in die nächste M)
Gesamtanzahl der Maschen von R 5 = 5+5+5+5+5+5 = 30 M

R 6: FM in die nächsten 2 M, 2 FM in die nächste M, (FM in die nächsten 4 M, 2 FM in die nächste M) 5 mal, FM in die nächsten 2 M. (36)
Angaben in der Klammer (FM in die nächsten 4 M, 2 FM in die nächste M) 5 mal wiederholen
⇒ R 6: FM in die nächsten 2 M, 2 FM in die nächste M, (FM in die nächsten 4 M, 2 FM in die nächste M), (FM in die nächsten 4 M, 2 FM in die nächste M), (FM in die nächsten 4 M, 2 FM in die nächste M), (FM in die nächsten 4 M, 2 FM in die nächste M), (FM in die nächsten 4 M, 2 FM in die nächste M), FM in die nächsten 2 M.
Gesamtanzahl der Maschen von 6 = 2+2+6+6+6+6+6+2 = 36 M

Umrechnung der Häkelnadel - Größen

Häkelnadel in mm	USA	UK	Japan
2,00 mm	--	14	2/0
2,25 mm	B/1	13	3/0
2,50 mm	--	12	4/0
2,75 mm	C/2	--	--
3,00 mm	--	11	5/0
3,25 mm	D/3	10	--
3,50 mm	E/4	9	6/0
3,75 mm	F/5	--	--
4,00 mm	G/6	8	7/0
4,50 mm	7	7	7,5/0
5,00 mm	H/8	6	8/0
5,50 mm	I/9	5	--
6,00 mm	J/10	4	10/0
6,50 mm	K/10,5	3	7
7,00 mm	--	2	--
8,00 mm	L/11	0	8
9,00 mm	M/13	00	9
10,00 mm	N/15	000	10

Copyright

Copyright 2012-2014 Sayjai Thawornsupacharoen. Alle Rechte vorbehalten. Dieses Buch darf ohne die ausdrückliche Erlaubnis von Sayjai Thawornsupacharoen nicht reproduziert, online veröffentlicht oder verkauft werden. Für nähere Informationen oder Lizenzen senden Sie bitte eine E-Mail an: kandjdolls@gmail.com.

Fertige Kuschelpuppen, hergestellt nach den vorliegenden Anleitungen, dürfen unter den Voraussetzungen verkauft werden, dass sie vom Verkäufer persönlich in geringer Anzahl (eine Hand voll) und in Handarbeit hergestellt wurden. Bitte fügen Sie Ihrer Online-Anzeige Folgendes hinzu: Diese Puppe wurde entworfen von Sayjai Thawornsupacharoen, (c) 2012-2014 Sayjai, Alle Rechte vorbehalten.

Dieses Buch ist nur für den persönlichen Gebrauch bestimmt. Bitte respektieren Sie Sayjai's Copyright und verbreiten Sie das Buch nicht online.

Dieses Buch aus der gleichen Serie wird in Kürze auch verfügbar sein:

www.ingramcontent.com/pod-product-compliance
Lightning Source LLC
Chambersburg PA
CBHW042028100526
44587CB00029B/4332